***ACCESO GRATIS** a la Lectura en la Nube*

Para visualizar el libro electrónico en la nube de lectura envíe junto a su nombre y apellidos una fotografía del código de barras situado en la contraportada del libro y otra del ticket de compra a la dirección:

ebooktirant@tirant.com

En un máximo de 72 horas laborales le enviaremos el código de acceso con sus instrucciones.

DERECHO MUNICIPAL

DERECHO MUNICIPAL

CAROLINA HELFMANN MARTINI
PAULINA CAFENA JOTTAR
SERGIO GUZMÁN SILVA

tirant lo blanch
Valencia, 2025

En caso de erratas y actualizaciones, la Editorial Tirant lo Blanch publicará la pertinente corrección en la página web www.tirant.com.

Colección dirigida por:

LUCIANO PAREJO ALFONSO

EDITA: TIRANT LO BLANCH
C/ Artes Gráficas, 14 - 46010 - Valencia
TELFS.: 96/361 00 48 - 50
FAX: 96/369 41 51
Email: tlb@tirant.com
www.tirant.com
Librería virtual: https://editorial.tirant.com/cl
ISBN: 978-84-1095-630-8

Si tiene alguna queja o sugerencia, envíenos un mail a: *atencioncliente@tirant.com*. En caso de no ser atendida su sugerencia, por favor, lea en *www.tirant.net/index.php/empresa/politicas-de-empresa* nuestro procedimiento de quejas.

Responsabilidad Social Corporativa: http://www.tirant.net/Docs/RSCTirant.pdf

ÍNDICE

Las ordenanzas municipales

El reclamo de ilegalidad municipal

Responsabilidad municipal

Abreviaturas

Código Civil: CC

Constitución Política de la República: CPR

Contraloría General de la República: CGR

DL N° 3.063 Ley de Rentas Municipales: LRM

Ley N° 18.575, Orgánica Constitucional de Bases Generales de la Administración del Estado: LOCBGAE

Ley N° 18.695, Orgánica Constitucional de Municipalidades: LOCM

Ley N° 19.880, de Bases del Procedimiento Administrativo: LBPA

Ley N° 19.886, de Bases Sobre Contratos Administrativos de Suministro y Prestación de Servicios: LBCASPS

Ley N° 18.883, Estatuto Administrativo para Funcionarios Municipales: EAFM

Ley N° 10.336, de Organización y Atribuciones de la CGR: LOACGR

Decreto con Fuerza de Ley N° 458 del Ministerio de Vivienda y Urbanismo, que aprueba Nueva Ley General de Urbanismo y Construcciones: LGUC

Prólogo

Me es muy grato cumplir la labor que se me ha solicitado en orden a redactar el prólogo del libro "Derecho Municipal" que versa sobre un ámbito de gran interés para la ciudadanía.

Como abogado, alcalde de la municipalidad de Zapallar y presidente de la Asociación de Municipalidades de Chile, cada día más comprendo la necesidad de contar con la adecuada bibliografía para el mejor desarrollo de la gestión municipal.

La importancia de lo que hoy denominamos "Derecho Municipal", es innegable. Prueba de ello, es el hecho que distintas universidades, especialmente a través de sus Escuelas de Derecho, han ido incorporando una cátedra de derecho municipal, con lo cual se configura una nueva área de especialidad que antes estaba inmersa en el Derecho Administrativo. Hoy tiene un desarrollo propio y de gran relevancia, que debe ir de la mano con el auge del municipalismo en Chile.

La bibliografía en materia de derecho municipal en nuestro país es aún escueta, con lo cual, obras como éstas contribuyen enormemente pues abordan temáticas relevantes y muy necesarias para cualquier abogado que tenga interés en el derecho municipal. Además, constituyen una valiosa contribución para los funcionarios públicos en general y un material de estudio esencial para las cátedras de Derecho Administrativo y de Derecho Municipal que se imparten en las distintas universidades de nuestro país.

La obra en comento aborda una serie de materias relevantes que podemos resumir de la siguiente manera:

I. LA APLICACIÓN DE LOS PRINCIPIOS DEL DERECHO ADMINISTRATIVO A LAS MUNICIPALIDADES Y LA ESPECIAL IMPORTANCIA DEL PRINCIPIO DE COORDINACIÓN

Tal como lo señalan los autores, los principios del Derecho Administrativo son esenciales en la disciplina. En lo que respecta a esta rama del derecho en particular, su reciente auge, la relevancia del rol de la jurisprudencia administrativa y judicial y la baja densidad normativa son causas que han llevado a que esos pilares posean la entidad que tienen hoy por hoy.

Se trata de "reglas" no positivizadas —aunque las hay también escritas— que permiten al intérprete de la norma administrativa dotarla de sentido y alcance o, en los supuestos de silencio del legislador, integrar la normativa.

En el derecho municipal la importancia general de los principios también es evidente, desde que ellos han sustentado múltiples y diversas sentencias judiciales y dictámenes de la Contraloría General de la República. Y no podría ser de otra forma, atendido que hoy existen 345 municipalidades administrando las 346 comunas en que está dividido localmente el país. Los principios propenden a garantizar que los márgenes de la legalidad municipal se respeten más allá de las particulares características de cada comuna y administración, lo que es propio de un Estado unitario como el nuestro.

Los autores analizan, en particular, el principio de coordinación, esencial en el devenir de las administraciones locales: los municipios son, por sobre todo, articuladores del Estado en los territorios que administran. Además, como lo destacan los autores, las municipalidades cuentan con facultades esenciales que les son propias, pero también con competencias que comparten con otros organismos de la Administración del Estado. En el ejercicio de estas últimas competencias, especialmente, la vigencia del principio de coordinación resulta esencial para asegurar el mandato legal: las autoridades administrativas deben actuar coordinadamente y propender a la unidad de acción, evitando la duplicación o interferencia de funciones.

Para asegurar lo anterior, el legislador ha consagrado mecanismos administrativos para destrabar eventuales conflictos, aunque en la práctica es usual observar descoordinaciones entre las autoridades del nivel regional y nacional con quienes administramos localmente las comunas.

Los autores realizan una interesante reflexión sobre el alcance del deber de coordinación: el mandato legal no se referiría necesariamente a un deber de actuación entre distintos organismos, sino que se predicaría también al interior de una misma repartición pública municipal, en que conviven distintos centros de decisiones administrativas. Respecto de la actividad mancomunada de ellos, es relativamente común que existan descoordinaciones.

Entender, así, que el principio de coordinación vincula a la Administración del Estado no sólo *ad extra*, sino también *ad intra*, conlleva a afirmar que la actividad jurídico administrativa descoordinada, emanada de una misma persona jurídica, es una actividad antijurídica.

II. BIENES NACIONALES DE USO PÚBLICO Y BIENES MUNICIPALES: RÉGIMEN DE ADQUISICIÓN, ADMINISTRACIÓN Y DISPOSICIÓN

En el segundo capítulo, los autores se refieren al régimen de administración de los bienes inmuebles de las municipalidades. Obviamente, están aquellos que integran su patrimonio en tanto persona jurídica descentralizada, aunque también —por expresa disposición legal— las municipalidades administran los bienes nacionales de uso público que se ubican dentro del territorio comunal y cuya administración no ha sido entregada por ley a otro órgano administrativo. Se trata esta de una figura de administración residual, aunque sometida a la supervigilancia del Ministerio de Bienes Nacionales, según el DL N° 1.939.

La jurisprudencia también ha determinado que competen a las municipalidades algunas atribuciones o deberes sobre bienes que, siendo de propiedad privada, han sido afectados por la autoridad administrativa a un uso público, tal como sucede con las vías de acceso a playas de mar, ríos y lagos.

La administración de los bienes por las municipalidades se traduce, entre otros aspectos, en que ellas pueden disponer de los primeros para que sean utilizados y aprovechados por los particulares. Tanto en el caso de los bienes nacionales de uso público como de los bienes municipales, la ley permite el otorgamiento de títulos autorizatorios propios del Derecho Administrativo: los permisos y las concesiones municipales. Además, en el caso particular de los bienes de propiedad municipal, la ley establece que ellos pueden ser objeto de contratos y títulos de uso regidos por el derecho común.

Los permisos son títulos que autorizan a su destinatario a utilizar un determinado bien municipal o nacional de uso público, o una porción de unos y otros, sujeto, empero, a la posibilidad de ser modificado o dejado sin efecto por un acto de contrario imperio, dado su carácter precario. En cualquier caso, la jurisprudencia reconoce que, pese a tratarse de una competencia discrecional del municipio, éste debe fundamentar su decisión, pues no resulta admisible que dicha discrecionalidad se transforme en arbitrariedad sobre la base de la no motivación de su actividad. Los permisos son otorgados, modificados y dejados sin efecto mediante resolución del Alcalde, sin la participación del Concejo Municipal.

Las concesiones son títulos que también autorizan la utilización de un bien municipal o nacional de uso público. Se diferencian de los permisos en que i) son de carácter bilateral, aunque alguna doctrina controvierte esta afirmación; ii) el Concejo Municipal participa en su otorgamiento, renovación, modificación y terminación anticipada; iii) por expresa disposición legal, deben ser antecedidos, salvo excepciones, por un procedimiento con licitación pública; iv) no son precarios, es decir, no pueden ser dejados sin efecto ni modificados sin expresión de causa; v) por el contrario, existen tres vías de terminación anticipada: el incumplimiento de las obligaciones del concesionario, el detrimento o menoscabo grave al uso común, o ante la ocurrencia de otras razones de interés público; y vi) su terminación anticipada da derecho a indemnización de perjuicios, salvo que el fin de la concesión se deba al incumplimiento de obligaciones contractuales.

La decisión de optar por la concesión o el permiso es discrecional de la municipalidad. Sin embargo, los autores presentan plausibles criterios para optar por uno u otro título.

Los bienes municipales pueden ser también objeto de actos de derecho privado, según se dijo. La decisión de optar por ellos o por mecanismos públicos es discrecional, aunque las consecuencias en uno y otro caso son distintas, lo que es debidamente abordado por los autores.

III. LAS ORDENANZAS MUNICIPALES

A continuación, los autores se refieren a la potestad reglamentaria de las municipalidades, y particularmente, aportan un detallado análisis acerca de las ordenanzas municipales, dada su especial relevancia y en atención a la abundante jurisprudencia judicial y administrativa que de un tiempo a la parte se ha venido pronunciado sobre los alcances y límites de esta potestad municipal.

En este sentido, es de especial interés la clasificación que los autores presentan acerca de los límites a los que las ordenanzas municipales se encuentran sujetas. Por una parte, existen límites formales que son determinantes en su validez y que se refieren a la forma en cómo éstas deben ser tramitadas y aprobadas. Entre éstos se encuentra la necesidad de obtener acuerdo del concejo municipal por la mayoría absoluta de los concejales asistentes a la sesión respectiva y de que las ordenanzas sean publicadas en el sitio web institucional de la municipalidad. Por otra parte, las ordenanzas municipales deben sujetarse a límites materiales que exigen su sujeción integral al ordenamiento jurídico. Los autores realizan un completo análisis de la jurisprudencia vigente, la cual es manifiesta en cuanto a la prohibición de las ordenanzas de contradecir la Constitución, las leyes y los reglamentos que rigen una determinada materia. Asimismo, ahondan en la prohibición de las ordenanzas de limitar derechos constitucionales, de extralimitarse de sus competencias o de prohibir hechos expresamente permitidos por la ley.

Finalmente, resulta destacable considerar el ámbito de aplicación de las ordenanzas: éstas son obligatorias para toda persona que viva en la comuna o que se encuentre transitoriamente en el territorio comunal. Siendo fuentes del derecho, su cumplimiento es imperativo para sus destinatarios. En este sentido, las ordenanzas municipales pueden contemplar infracciones y sanciones de multa de hasta cinco unidades tributarias mensuales en caso de inobservancia a sus disposiciones y cuya aplicación es de competencia de los juzgados de policía local.

IV. CONTROL MUNICIPAL: MECANISMOS ADMINISTRATIVOS INTERNOS Y EXTERNOS

El cuarto capítulo del libro examina el régimen de control administrativo de las municipalidades, que opera como límite a la autonomía municipal y garante de la juridicidad de su actividad. Los autores adoptan la clásica distinción del derecho administrativo, entre el control interno ejercido por la propia municipalidad y el control externo que realiza la Contraloría. Posteriormente, analizan los principales mecanismos de control ciudadano en la fiscalización de la actividad municipal.

En lo que respecta al control interno, este es ejercido por cada municipalidad a través del alcalde, del concejo municipal y de la dirección de control. Entre las atribuciones fundamentales del alcalde, destaca la propuesta al concejo sobre la organización interna de la municipalidad, junto con la provisión de cargos y la adopción de medidas disciplinarias que pueden incluso conllevar a la destitución de los funcionarios municipales. A continuación, se abordan las funciones resolutivas del concejo municipal en cuanto mecanismos de control y se destaca la importancia de la aprobación del concejo para la adopción de ciertas decisiones. También se desarrollan las potestades de fiscalización del concejo. El análisis del control interno concluye con un desarrollo sobre el rol de la Dirección de Control, entidad que colabora directamente con el concejo en el ejercicio de sus potestades de fiscalización.

Por otra parte, el libro trata el control administrativo desarrollado por la Contraloría General de la República como mecanismo de control externo. Dado que por regla general los actos municipales se encuentran exentos de toma de razón, este control es ejercido principalmente por medio de auditorías y a través del ejercicio de la potestad dictaminante. También resulta relevante la posibilidad de instruir y llevar adelante sumarios en contra de funcionarios municipales, aunque la decisión de la sanción a aplicar es de competencia alcaldicia.

Finalmente, se detallan los mecanismos de participación ciudadana contemplados tanto por la Constitución como por la ley orgánica constitucional de municipalidades. Entre éstas, el sufragio para la elección de alcaldes y concejales es el mecanismo fundamental de participación. Asimismo, los plebiscitos comunales podrían ser de gran utilidad dado que su convocatoria puede realizarse a requerimiento de la ciudadanía y sus resultados serán vinculantes en caso de que participen en ellos más del cincuenta por ciento de los ciudadanos habilitados para votar en la comuna. Finalmente, es de máxima relevancia considerar que cualquier persona puede colaborar con la función de control ejercida por la Contraloría mediante la presentación de denuncias o de sugerencias de fiscalización.

V. RECLAMO DE ILEGALIDAD MUNICIPAL

El reclamo de ilegalidad es uno de los mecanismos creados por el legislador para garantizar la vigencia del principio de juridicidad en la actividad municipal. Ha adoptado creciente relevancia frente a la acción de protección de derechos constitucionales y los autores han desarrollado extensa y completamente.

Se trata de un contencioso de nulidad que está expresa y detalladamente regulado en el artículo 151 de la Ley N° 18.695, y que se caracteriza por combinar el conocimiento administrativo con el judicial: el reclamo debe presentarse ante el alcalde, y sólo una vez rechazado —real o ficticiamente—, puede el interesado ocurrir ante la Corte de Apelaciones respectiva, la que conocerá en única instancia. El fallo del Tribunal de Alzada es susceptible de recurso de casación en la forma y en el fondo para ante la Corte Suprema.

Los autores desarrollan el contenido de la norma que lo crea, y recogen las últimas novedades jurisprudenciales en la materia: el cómputo del plazo; los recursos jurisdiccionales que proceden y la posibilidad de que sea deducido por funcionarios municipales en contra de la corporación que los emplea. También, el hecho de que este reclamo contemple expresamente —a diferencia de otros procedimientos contenciosos especiales— la posibilidad de que la Corte "reemplace" a la Municipalidad y dicte la resolución que corresponda conforme a derecho. Finalmente, los autores se refieren a la posibilidad de que el tribunal declare el haber lugar a los perjuicios, cuya naturaleza y cuantía debe discutirse luego en sede sumaria.

VI. RESPONSABILIDAD MUNICIPAL

El libro concluye con un análisis acerca de la responsabilidad extracontractual de las municipalidades. Los autores ahondan en la discusión en torno al carácter objetivo o subjetivo de la responsabilidad de la municipalidad; en la necesidad de acreditar un daño para la procedencia de la responsabilidad; en la aplicación de normas del derecho civil y en la amplitud de supuestos de procedencia de la responsabilidad municipal, coincidentes con el vasto ámbito de funciones y atribuciones municipales.

Respecto del primer aspecto, los autores concluyen con sustento normativo en el artículo 152 de la Ley N° 18.695, que las municipalidades son responsables por los daños que causen y que esta responsabilidad procederá principalmente por falta de servicio, lo cual hace posible al legislador el establecimiento de otros títulos de imputación. Previenen en que el legislador no ha optado por establecer otros títulos de imputación diferentes a la falta de servicio ni tampoco por consagrar supuestos de responsabilidad municipal objetiva.

En cuanto a lo segundo, se considera que, de acuerdo con la asentada jurisprudencia de la Corte Suprema, es necesario acreditar la existencia de un daño y que éste sea atribuible precisamente a la actuación u omisión ilegal. Así, se concluye que no toda medida ilegal susceptible de anulación conlleva a la existencia de una falta de servicio que comprometa la responsabilidad del Estado.

Por otra parte, resulta de especial interés la discusión acerca de la posibilidad de aplicación de normas propias de la legislación civil en materia de responsabilidad municipal. Lo anterior ha sido aceptado respecto de determinadas normas y rechazado en otras. En este sentido, por ejemplo, la Corte Suprema ha mostrado apertura a la evaluación de la existencia de una exposición imprudente de la víctima al daño, que pueda ameritar la reducción de la indemnización en aplicación del artículo 2330 del Código Civil. Por el contrario, ha rechazado la aplicación de la regla de solidaridad del artículo 2317 del Código Civil.

Finalmente, a fin de ejemplificar la amplitud de materias que pueden dar lugar a la responsabilidad de las municipalidades, se analizan supuestos de responsabilidad municipal vinculados a la función de administración de los bienes nacionales de uso público; al incumplimiento de los deberes de supervigilancia y fiscalización a propósito de contratos y concesiones y a los daños ocasionados con motivo de errores contenidos en actos urbanísticos o en razón de la invalidación de los mismos.

De esta manera, como puede apreciarse del resumen de materias que se desarrollan en esta obra, se demuestra por sí sola su relevancia para el mundo jurídico y municipal chileno.

No me cabe duda que esta importante obra jurídica será texto de consulta habitual para quienes de una u otra manera tienen contacto o trabajan en el ámbito municipal, agradeciendo a sus autores por su contribución y alentándolos a seguir investigando y escribiendo en materias municipales que como expuse al comienzo de este prólogo, requieren de bibliografía adecuada para continuar desarrollándose en favor de nuestros vecinos.

Zapallar, octubre de 2024

Gustavo Alessandri Balmaceda
Alcalde I. Municipalidad de Zapallar
Presidente Asociación de Municipalidades de Chile

La aplicación de los principios del Derecho Administrativo a las municipalidades y la especial importancia del principio de coordinación

I. LOS PRINCIPIOS EN EL DERECHO MUNICIPAL

1. Consideraciones generales

En el derecho los principios son entendidos como "fórmulas condensatorias de los valores y de los bienes básicos del ordenamiento en su conjunto, justamente los que, por ello, lo organizan, lo articulan animando y dando vida a las instituciones y confiriendo así aquel sentido de totalidad y de sistema coherente y cerrado (carente de lagunas)"[1].

Su importancia se manifiesta en tres distintos ámbitos. Primeramente, en cuanto cumplen un rol fundamentador del ordenamiento jurídico; en segundo lugar, por su aptitud integradora; y, finalmente, por su utilidad interpretativa.

En su dimensión fundamentadora, los principios proveen el marco axiológico de las normas que integran el ordenamiento jurídico, lo cual hace posible su comprensión como un sistema unitario y coherente con sus objetivos y valores fundamentales. En este sentido, la doctrina enseña que los principios generales "son los únicos instrumentos disponibles para dar sentido a las instituciones y para articular éstas en el sistema general del ordenamiento"[2].

A la vez, los principios hacen posible dar respuesta jurídica a aquellas problemáticas no reguladas expresamente en el ordenamiento jurídico, en lo que se conoce como su función integradora.

---

1 Luciano Parejo, Antonio Jiménez Blanco y Luis Ortega, *Manual de Derecho Administrativo* (Barcelona: Ariel, 1997), p. 207.

2 Eduardo García de Enterría, *Reflexiones sobre la Ley y los principios generales del Derecho* (Madrid: Civitas, 1984), 24.

Por último, la dimensión interpretativa de los principios hace posible determinar el correcto sentido y alcance de las normas jurídicas, especialmente en su aplicación a cada caso en concreto, debiendo optarse por la interpretación normativa que se ajuste de mejor manera a los principios que inspiran el ordenamiento jurídico.

Estos aspectos revisten una particular relevancia en el Derecho Administrativo chileno, caracterizado por la asistematicidad y mutabilidad de sus normas, por las dificultades en la determinación de su ámbito de aplicación y por jurisprudencia de múltiples fuentes y que en muchos casos se fundamenta en principios[3]. Esto, por cierto, ocurre en el Derecho Municipal, dada la multiplicidad de funciones y atribuciones que le corresponden a las municipalidades.

2. *Reglas y principios: una necesaria distinción*

Se ha hecho común el reconocimiento normativo de los principios mediante su consagración constitucional o legal. Así ha sucedido con algunos de los más importantes principios del Derecho Administrativo, lo que ha generado reparos en la doctrina nacional[4].

A modo ejemplar, con la entrada en vigor de la LOCBGAE algunos de los otrora principios del Derecho Administrativo chileno pasaron a convertirse en reglas positivas y obligatorias para sus destinatarios, ya no en razón de su transversalidad, sino por su expreso reconocimiento en el ordenamiento jurídico. Lo mismo ocurrió al consagrarse en la LBPA un catálogo de principios, algunos de los cuales, sin embargo, carecen del rasgo de transversalidad y generalidad inherente a los pilares fundamentales del ordenamiento[5].

---

3 Así, se ha dicho que "*Los Principios han sido una de las piedras angulares de la construcción del Derecho Administrativo chileno, especialmente por la ausencia de desarrollos normativos, de modo que ha sido especialmente la aplicación que de ellos ha realizado la jurisprudencia de la CGR la que le ha dado un rol normativo estabilizador*" en: Luis Cordero, *Lecciones de Derecho Administrativo, 2ª. ed.* (Santiago: Legal Publishing, 2015), 167.

4 Alejandro Vergara Blanco: "El legislador crea reglas y no principios" [en línea], (2013), https://www.elmercurio.com/legal/movil/detalle.aspx?Id=901849&Path=/0D/C2/ [Consulta: 10/03/2025.]

5 Por ejemplo, los "principios" de escrituración (artículo 5) y de gratuidad (artículo 6) son más bien reglas jurídicas positivas que podrían no existir o estar

Al consagrarse positivamente los principios, éstos pasan a convertirse en auténticas reglas jurídicas con un efecto vinculante por expreso mandato del ordenamiento jurídico. Lo anterior, sin perjuicio de que los principios mantienen su carácter de tales en tanto su existencia puede extraerse de un análisis sistemático del ordenamiento jurídico en su conjunto.

3. La especial relevancia de los principios del derecho administrativo en la actuación municipal

La aplicación de los principios generales del Derecho Administrativo al ámbito municipal es de la mayor relevancia, por cuanto operan como verdaderos límites a la autonomía funcional de las municipalidades al imponerles obrar en recta sujeción al ordenamiento jurídico y sujeto a determinadas directrices.

A su vez, la aplicación de los principios del Derecho Administrativo a la actuación municipal tiende a posibilitar la coherencia de criterios en la labor jurídico administrativa de las municipalidades existentes en nuestro país. Se trata, en suma, de elementos que colaboran para fijar el contenido y alcance de las reglas jurídicas que determinan la competencia y el modo de actuar municipal.

Las competencias municipales exigen a las municipalidades relacionarse de manera permanente con otros órganos de la Administración del Estado. En este ámbito, la coordinación pasa a constituir un principio fundamental de su actuación.

Por lo anterior, se examinará el principio de coordinación administrativa y el rol que el mismo tiene en la actuación municipal.

---

reguladas de otra manera. En contraste, existen reglas positivizadas que realmente constituyen principios, como los de contradictoriedad (artículo 10), inexcusabilidad (artículo 14) e impugnabilidad (artículo 15), entre otros, cuya vigencia sería incuestionable incluso si no estuvieran recogidas expresamente en la ley.

II. PRINCIPIO DE JURIDICIDAD Y EL ELEMENTO DE COMPETENCIA

Un principio cardinal de la actuación estatal lo constituye el principio de juridicidad. Se trata de la "concreción del principio del Estado de Derecho que exige la limitación jurídica del poder del Estado [...]. El principio de juridicidad impone, por tanto, la existencia de normas jurídicas que vinculan a la Administración cuando actúa y que de este modo la someten al Derecho"[6].

La CPR así lo recoge, en sus artículos 6 y 7. El primero dispone el sometimiento de los órganos estatales a la CPR y a las normas dictadas conforme a ella. El segundo, comienza en los siguientes términos: "Los órganos del Estado actúan válidamente previa investidura regular de sus integrantes, dentro de su competencia y en la forma que prescriba la ley". Confirma la regla anterior el inciso segundo del mismo precepto, que contiene la siguiente prohibición: "Ninguna magistratura, ninguna persona ni grupo de personas pueden atribuirse, ni aun a pretexto de circunstancias extraordinarias, otra autoridad o derechos que los que expresamente se les hayan conferido en virtud de la Constitución o las leyes". Finalmente, el artículo 7 indica la sanción para aquellas actuaciones estatales que no cumplan con tales requisitos: "Todo acto en contravención a este artículo es nulo y originará las responsabilidades y sanciones que la ley señale".

Así, la CPR proscribe toda actuación estatal que no se enmarque en el ámbito de las competencias atribuidas de forma previa y expresa por el legislador, bajo sanción de nulidad y responsabilidad, tanto civil como administrativa.

Este principio se reitera en el artículo 2° de la LOCBGAE dirigido a todo órgano administrativo, incluidas las municipalidades: "Los órganos de la administración del Estado someterán su acción a la Constitución y a las leyes. Deberán actuar dentro de su competencia y no tendrán más atribuciones que las que expresamente les haya conferi-

---

6 Ignacio de Otto, *Derecho Constitucional, sistema de fuentes.* (Barcelona: Ariel, 1995), p. 157.

do el ordenamiento jurídico. Todo abuso o exceso en el ejercicio de sus potestades dará lugar a las acciones y recursos correspondientes".

Estas normas son fundamentales en nuestro Estado de Derecho y son de cumplimiento obligatorio para todos los organismos de la Administración del Estado. En este sentido, el primer límite esencial de la acción municipal es el cumplimiento íntegro de la CPR, así como de las leyes y demás normas dictadas conforme a ella.

La vigencia del principio de juridicidad y de competencia como elemento de validez en el actuar estatal tiene especial importancia en el caso de las Municipalidades, dadas sus finalidades y múltiples atribuciones, algunas de las cuales comparten con otros organismos de la Administración del Estado.

1. Tipos de competencia municipal

La LOCM distingue dos tipos de competencias municipales: las de tipo privativo y las que se ejercen de manera compartida con otros organismos públicos.

Respecto de las primeras, se trata de funciones que el legislador sólo ha puesto dentro de la esfera de competencia de las municipalidades y que, en principio, no pertenecen a otros órganos administrativos[7]. Están reguladas en el artículo 3 de la LOCM.

Las segundas, en cambio, corresponden a aquellas que las municipalidades desarrollan directamente o de forma compartida con otros órganos administrativos. Se encuentran reguladas en el artículo 4 de la LOCM.

2. Conflictos de competencia

Los posibles conflictos de competencia se manifiestan justamente respecto de las funciones compartidas. Dado que las municipalidades, en el ámbito de su territorio, deben desarrollar funciones con otros órganos administrativos, es común que se produzcan pugnas en cuanto a quién debe realizar una determinada actuación, tanto en

---

7 Aunque evidentemente existen algunas, como la promoción del desarrollo comunitario (artículo 3, literal c) que no sólo desarrollan las municipalidades.

su vertiente positiva como negativa. Es decir, cuando ambos se atribuyen competencia o bien cuando nadie reclama una competencia como propia.

Junto a lo anterior, dada la complejidad y variedad de las competencias municipales, es también común que la descoordinación se produzca *ad intra*, esto es, entre las distintas unidades orgánicas de la propia municipalidad. Lo anterior se manifiesta en decisiones que, en ocasiones, son contradictorias o equívocas[8].

En uno y otro caso, estos conflictos encuentran solución en el principio de coordinación, en palabras de la CGR, actuando "*coordinadamente, sin duplicidad ni interferencia de funciones, y ajustándose al ordenamiento jurídico*"[9].

3. El rol del principio de coordinación

Un principio fundamental tanto de la organización como de la función administrativa es el de coordinación. De acuerdo con doctrina nacional, el principio de coordinación tiende a "la acción conjunta de las diversas Administraciones públicas en el ejercicio de sus respectivas competencias, de tal modo que se logre la integración de actos parciales en la globalidad del sistema"[10].

Como señala otro autor, este principio "estudia la manera de evitar que los órganos administrativos en sus diversos niveles no ejecuten tareas que entraben o perturben las que deben desplegar otros órganos de la Administración, o de precaver que no se produzca una duplicidad de esfuerzos". Atañe "a la disposición metódica y racional de las actividades que desarrollan los órganos administrativos, indi-

---

8 Como podría ocurrir cuando la Dirección de Obras otorga un permiso de edificación y la administración comunal no se encuentra conforme debido a una diversa interpretación de la normativa aplicable, por ejemplo, a partir de la Dirección de Asesoría Urbana. Como ejemplo es posible citar la demanda en causa Rol N° 9.595-2021 del 25° Juzgado Civil de Santiago.

9 Dictamen CGR N° E240661, de 2022.

10 Eduardo Cordero Quinzacara, "El derecho urbanístico, los instrumentos de planificación territorial y el régimen jurídico de los bienes públicos", *Revista de Derecho de la Pontificia Universidad Católica de Valparaíso* N° 29 (2007): 269-298. http://dx.doi.org/10.4067/S0718-68512007000100009.

vidualmente y en su conjunto, para el cumplimiento más eficiente y eficaz de la función administrativa"[11].

Es así como el principio de coordinación viene a prevenir el desorden y la redundancia en la actuación administrativa municipal a fin de garantizar que todas las acciones administrativas estén orientadas hacia el cumplimiento óptimo de la función pública en beneficio de la comunidad y que lo mismo se haga en base a criterios de eficiencia y eficacia.

a. Reconocimiento normativo del principio de coordinación

El principio de coordinación se encuentra reconocido en nuestro ordenamiento jurídico, tanto a nivel constitucional como legal.

En materia municipal la CPR contiene un mandato especial a la ley para el establecimiento de fórmulas de coordinación para la administración de todos o algunos de los municipios con respecto a los problemas que les sean comunes. Asimismo, ordena al legislador el establecimiento de fórmulas de coordinación entre los municipios y los demás servicios públicos (artículo 123 de la CPR).

A nivel legal, la LOCBGAE consagra la coordinación como uno de los principios de la Administración del Estado (artículo 3 de la LOCBGAE) y exige a sus órganos cumplir con sus cometidos de forma coordinada, propender a la unidad de acción y evitar la duplicación o interferencia de funciones (artículo 5 de la LOCBGAE).

Por otra parte, la LOCM al referirse a las atribuciones del alcalde considera la de "*Coordinar el funcionamiento de la municipalidad con los órganos de la Administración del Estado que corresponda*" (artículo 63, letra k) y "*Coordinar con los servicios públicos la acción de éstos en el territorio de la comuna*" (artículo 63, letra l).

Asimismo, la LOCM considera un mecanismo para la coordinación de las municipalidades entre sí, así como, también, entre las municipalidades y los demás servicios públicos que dependan o se re-

---

11 Hugo Caldera, "Principios funcionales y técnicos de los órganos públicos que integran la Administración del Estado", *Revista de Derecho Público* N° 41/42, vol. 1987 (2016): 165-172. https://doi.org/10.5354/rdpu.v0i41/42.43666.

lacionen con el Presidente de la República a través de un ministerio y que actúen en sus respectivos territorios. De acuerdo con el artículo 10 de la LOCM, como regla general, el deber de coordinación se realizará por medio de acuerdos directos, los que pueden ser formales o informales[12]. A falta de acuerdo, el legislador previó la posibilidad de que intervenga el delegado presidencial regional para disponer las medidas necesarias para la coordinación, a solicitud de cualquiera de los alcaldes interesados.

Lo mismo sucede respecto de la coordinación entre las municipalidades y entre ellas y los servicios públicos que dependan del gobierno regional o se relacionen con éste y que actúen en su respectivo territorio. La coordinación en estos casos deberá realizarse por medio de acuerdos, y, a falta de tales, podrá intervenir el gobernador regional a requerimiento de uno de los alcaldes interesados, adoptando las medidas necesarias para asegurar la coordinación.

En cualquiera de estos casos, la coordinación debe realizarse sin alterar las atribuciones y funciones que correspondan a los organismos respectivos.

Finalmente, un caso específico en que normativamente se exige la coordinación se encuentra en la elaboración y ejecución del plan comunal de desarrollo. El artículo 7 de la LOCM exige que la municipalidad se coordine con los demás servicios públicos que operen o que ejerzan sus competencias en la comuna.

b. La coordinación como principio y deber jurídico

La CGR ha enfatizado en el carácter mandatorio que tiene la coordinación para los órganos públicos, principio estrechamente vinculado con el deber de servicialidad del Estado[13].

Por una parte, ha sostenido que es "un deber jurídico, y no una mera recomendación, que el ordenamiento jurídico impone a los entes públicos, con independencia del carácter autónomo, personificado o centralizado de que estén revestidos, para que estos la ejecuten

---

12 Jorge Bermúdez, *Derecho Administrativo General*. (Santiago: Editorial Thomson Reuters, 2014), 388.

13 Dictamen CGR N° 91.166, de 2014.

en el estricto marco de la competencia que a cada uno le corresponde y, en esta perspectiva, se trata de un principio general que informa toda la organización administrativa"[14].

En el mismo sentido, ha señalado que "siendo la Administración del Estado un todo armónico [...] constituye un imperativo legal su deber de propender a la unidad de acción, debiendo los órganos que la componen ajustar sus acciones a los principios de coordinación [...], fijando mecanismos para actuar coordinadamente y concertar medios con una finalidad común"[15].

La Corte Suprema, por su parte, ha enfatizado que "la labor de coordinación entre servicios públicos es una obligación que impone la ley en el artículo 5° de la Ley N° 18.575"[16] y que el principio-deber de coordinación determina que no es posible que distintas autoridades administrativas con competencia en una misma materia decidan de forma contradictoria en un asunto determinado[17].

Asimismo, ha dicho que "No resulta procedente que sea el administrado, la recurrente, la que deba soportar las disconformidades entre la información manejada por los diferentes organismos, los que tienen la obligación, como fuera dicho, de coordinarse y mantener actualizados los antecedentes que manejan"[18].

Respecto de la manera en que ha de ejercerse la coordinación "La ley, al crear un órgano administrativo, debe establecer los mecanismos por los cuales se concreta este principio entre el órgano respectivo con otras reparticiones administrativas"[19].

c. De la coordinación *ad intra*

Si bien el principio de coordinación es usualmente analizado —y así está consagrado— desde la relación interadministrativa, lo cierto

---

14 Dictamen CGR N° 91.166, de 2014.

15 Dictamen CGR N° E388402, de 2023.

16 Corte Suprema, sentencia Rol N° 71.664-2021, considerando quinto.

17 Corte Suprema, sentencia Rol N° 9-2023, considerando décimo.

18 Corte Suprema, sentencia Rol N° 12.721-2022, considerando octavo.

19 Jorge Bermúdez, *Derecho Administrativo General*, 388.

es que al interior de la municipalidad debe también cautelarse la unidad de acción y evitar la toma de decisiones discordantes.

Pese a constituir cada municipalidad una sola persona jurídica, es común que los distintos centros de impulsión decisional que conviven al interior de la municipalidad actúen sin consultarse mutuamente, lo que resulta especialmente usual cuando se trata de entes con facultades desconcentradas, como es el caso del Director de Obras Municipales, o bien cuando se trata de unidades que comparten temáticas en su ámbito de actuación.

De lo anterior se sigue que, en ocasiones, por ejemplo, la unidad que diseña un proyecto de obra —generalmente la Secretaría de Planificación Comunal— no consulte con la unidad que hará de Unidad Técnica del contrato —generalmente la Dirección de Obras Municipales— respecto de lo que resulta efectivamente construible, descoordinación cuyas consecuencias afectan al contratista que asume su ejecución a suma alzada y al bien común, desde que la obra puede sufrir atrasos o también implicar un mayor gasto de recursos que el inicialmente previsto.

O, por ejemplo, cuando se otorga una patente de microempresa familiar a un determinado negocio (artículo 26 del DL N° 3.063), autorización que exime del deber de contar con recepción definitiva de obras para poder ejercer el comercio. De otro lado, la Dirección de Obras Municipales denuncia la construcción sin permiso al Juzgado de Policía Local, tribunal que ordena el pago de multas y la regularización de las obras. Luego, la Dirección de Obras Municipales rechaza las solicitudes de permiso de edificación y solicita al alcalde la demolición, la que es dispuesta por la misma autoridad que en un inicio concedió la autorización de microempresa familiar, lo que por cierto ha ocurrido[20].

Como señala un autor español, el principio de coordinación "comprende, por ello; i) *cada organización* administrativa considerada en si misma; y ii) el *conjunto de las organizaciones administrativas*"[21], y

---

20 Por ejemplo, Corte Suprema, sentencia Rol N° 78.641-2021.

21 Luciano Parejo, *Lecciones de Derecho Administrativo*, 9ª. ed. (Valencia: Editorial Tirant lo Blanch, 2018), 318.

forma parte del concepto de lo que alguna doctrina denomina el "derecho a una buena administración pública"[22].

d. De los efectos de la actuación descoordinada

Considerando que la coordinación administrativa es una regla jurídica y un deber de la Administración del Estado, las actuaciones jurídicas o materiales descoordinadas, equívocas o contradictorias son ilegales. La descoordinación puede ocurrir tanto al interior de la propia municipalidad, entre distintas municipalidades o entre una municipalidad y otro órgano de la Administración del Estado. En cualquiera de estos casos la infracción al deber de coordinación conlleva la dictación de un acto con un vicio que lo vuelve susceptible de anulación.

III. CONCLUSIONES

1. Los principios generales del Derecho Administrativo son los pilares del ordenamiento jurídico que pueden extraerse a partir de un análisis sistemático de sus normas. Su función es triple: fundamentan las normas jurídicas, permiten integrar vacíos e interpretar las reglas y preceptos legales.
2. En el ámbito municipal, los principios son de gran importancia, pues permiten mantener la uniformidad de la labor administrativa y jurídica de las diferentes municipalidades, garantizar la vigencia del principio de juridicidad y las actuaciones eficaces y eficientes.
3. Del catastro de principios aplicables a las municipalidades, el de coordinación resalta por su relevancia, atendido que, por la propia distribución de competencias, existen funciones que las municipalidades ejercen de manera compartida con otros organismos de la Administración del Estado, circunstancia que puede conllevar a decisiones redundantes, contradictorias o

---

[22] Izaskun Linazasoro. "El derecho a una buena administración pública en Chile". *Revista de Derecho Público* N° 88 (2018), 93-109. https://doi.org/10.5354/0719-5249.2018.50842.

paralelas. Algo similar puede suceder al interior de la propia municipalidad, lo que exige una actuación proactiva por parte del alcalde para efectos de asegurar que las distintas unidades municipales actúen de manera coordinada.

4. El legislador ha positivizado el principio de coordinación, que de acuerdo con la jurisprudencia administrativa y judicial, constituye no solo un objetivo deseado, sino un deber-obligación de las municipalidades en cuanto organismos de la Administración del Estado.
5. Por lo anterior, una actuación municipal que infrinja el principio de coordinación se traduce en una actividad viciada y, por lo mismo, una actividad cuya nulidad se podría declarar a través de alguno de los mecanismos de impugnación de los actos administrativos previstos por el legislador.

Bienes nacionales de uso público y bienes municipales: régimen de adquisición, administración y disposición

I. INTRODUCCIÓN

En Chile, el derecho de los bienes públicos constituye una de las áreas del Derecho Administrativo con menor desarrollo en doctrina. Posiblemente, la escasa normativa sobre la materia, así como la posible aplicación de normas de derecho privado, explican una cierta reticencia de los autores nacionales de derecho administrativo a una aproximación profunda a su estudio y viceversa respecto de los autores civilistas.

En el ámbito municipal esta constatación podría resultar atenuada, al menos preliminarmente, dado que la LOCM contiene normas especiales sobre "Régimen de Bienes", en el párrafo quinto de su título primero. De todos modos, se trata de preceptos que son e insuficientes para hacer frente a la realidad actual.

Dado lo anterior, resulta imprescindible recurrir a los criterios adoptados por la jurisprudencia para una mejor comprensión de las facultades municipales sobre los bienes que se encuentran bajo su administración y resguardo, ya sean nacionales de uso público o propios de cada municipalidad.

Dentro de las potestades de administración municipal[23], este capítulo analizará los distintos regímenes jurídicos que se aplican a los bienes nacionales de uso público, especialmente referidos al otorgamiento de concesiones y permisos, como a los bienes propios. Todo lo anterior, considerando la normativa existente y los principales criterios emanados tanto de la jurisprudencia judicial como administrativa.

---

23 Cordero enumera las siguientes potestades: 1) La regulación del uso y aprovechamiento; 2) La potestad de conservación; 3) La potestad sancionadora; 4) La potestad para entregar el uso privativo del bien, en: Eduardo Cordero, *Curso de Derecho Administrativo.* (Santiago: Editorial Libromar, 2023), 1.257.

II. BIENES INMUEBLES Y MUNICIPALIDADES

1. *Distinción entre bienes nacionales de uso público y bienes municipales*

El artículo 589 del CC define los bienes nacionales como "aquellos cuyo dominio pertenece a la nación toda". Agrega que se llamarán bienes nacionales de uso público o bienes públicos "si además su uso pertenece a todos los habitantes de la nación". Así, son bienes nacionales de uso público aquellos cuyo dominio y uso pertenece a todos los habitantes de la nación.

Son bienes públicos[24], y sin que esta ejemplificación sea taxativa, las "calles, plazas, puentes y caminos, el mar adyacente y sus playas" (artículo 589, inciso segundo, del CC), como también "todas las aguas" (artículo 595 del CC y, en el mismo sentido, el artículo 5 del Código de Aguas).

Los bienes públicos constituyen una de las excepciones al régimen constitucional de libre apropiabilidad, consagrado en el artículo 19 N° 23 de la CPR. En efecto, los bienes cuyo uso y goce pertenece a la nación no pueden ser adquiridos en dominio por ninguna persona, institución o grupo, ni público ni privado. Son, en consecuencia, imposibles de ser poseídos de forma exclusiva, incomerciables, inalienables, inembargables e imprescriptibles, aunque susceptibles de ser objeto de permisos y concesiones[25].

Respecto de éstos, mandata el artículo 5 letra c) de la LOCM que a las municipalidades les corresponderá administrar los bienes nacionales de uso público que se encuentren en el territorio de la comuna, incluido el subsuelo, salvo que su administración corresponda a otros órganos de la Administración del Estado. La misma norma también

---

24 Pese a que el CC los hace sinónimos, no toda la doctrina está conteste en que los "bienes públicos" y los "bienes nacionales de uso público" sean una misma cosa: Cordero Quinzacara, *Dominio Público, Bienes Públicos y Bienes Nacionales. Bases para la reconstrucción de una teoría de los Bienes Públicos,* (Valencia, Tirant lo Blanch, 2019), 157; y Montt Oyarzún, *El Dominio Público. Estudio de su Régimen Especial de Protección y Utilización,* (Santiago de Chile, Editorial Lexis Nexis, 2002), 256.

25 Peñailillo Arévalo, *Los Bienes. La propiedad y otros derechos reales,* (Santiago de Chile, Editorial Jurídica de Chile, 2007), 65-67.

encomienda a las municipalidades la administración de los bienes municipales.

Los denominados bienes municipales son de propiedad edilicia[26] y, por ende, forman parte del patrimonio de cada municipalidad. A diferencia de los bienes nacionales de uso público, los bienes propios de las municipalidades no han sido sustraídos de la regla general de libre apropiabilidad. Por consiguiente, quedan sujetos a las reglas consagradas en el CC, aunque con ciertas particularidades especiales previstas por la LOCM. Por disposición constitucional las normas de enajenación de los bienes municipales, así como su arrendamiento o concesión, son materia de ley (artículo 63 Nº 10 de la CPR).

En cuanto al régimen jurídico de los bienes municipales, se trata de uno que combina normas y principios tanto de derecho público como de derecho privado. Este régimen está compuesto por las normas consagradas en la LOCM y en el Decreto con Fuerza de Ley Nº 789, de 1978, que fija normas sobre adquisición y disposición de los bienes municipales[27]. En subsidio —y por aplicación de los artículos 33 y 34 de LOCM y de los artículos 1 y 22 del citado Decreto con Fuerza de Ley— rige el derecho privado o común.

Así, tratándose de bienes inmuebles municipales, la LOCM ordena, en su artículo 33, que su adquisición en dominio "se sujetará a las normas del derecho común", y luego el artículo 34 de la LOCM añade que "los bienes inmuebles municipales sólo podrán ser enajenados, gravados o arrendados en caso de necesidad o utilidad manifiesta".

En síntesis, los bienes nacionales de uso público se caracterizan por pertenecer a la nación toda y, por ende, por la imposibilidad de que sean adquiridos en dominio. Éstos se encuentran sujetos a

---

26 En la clasificación tripartita intentada por el profesor Cordero, los bienes municipales serían integrantes del dominio público, como bienes del Estado: Cordero Quinzacara, *Dominio Público, Bienes Públicos y Bienes Nacionales*, 166-173. En el mismo sentido, Corral Talciani, *Curso de Derecho Civil. Bienes* (Santiago de Chile, Editorial Legal Publishing Chile, 2ª edición, 2022), 66.

27 Norma de rango legal dictada por el Presidente de la República en virtud de la expresa habilitación concedida por el artículo 25 del Decreto Ley Nº 1.939, de 1977, sobre adquisición, administración y disposición de bienes del Estado.

la administración municipal, en la medida de que su administración no haya sido entregada por la ley a otro órgano administrativo.. Los bienes municipales, por su parte, son aquellos de propiedad de cada municipalidad. A éstos últimos, se les aplican las reglas del derecho privado y también normas de derecho público-administrativo consagradas principalmente en la LOCM y en el Decreto con Fuerza de Ley Nº 789 de 1978.

2. *Consecuencias de la distinción entre bienes nacionales de uso público y bienes municipales*

La distinción entre los bienes nacionales de uso público sujetos a la administración municipal y los bienes propios de cada municipalidad resulta de particular relevancia desde que el régimen jurídico al que se encuentran sometidos es diferente.

Tal análisis debe partir por lo dispuesto en el artículo 5 de la LOCM, norma que contiene una enumeración de las atribuciones esenciales de las municipalidades para el cumplimiento de sus funciones. En su letra c) confiere a las municipalidades la potestad de administración de los bienes municipales y de los bienes nacionales de uso público existentes en la comuna, incluido su subsuelo, a menos que la administración de estos últimos corresponda a otros órganos de la Administración del Estado de acuerdo a la ley, atendida su naturaleza o fines.

Luego, son también normas relevantes aquellas contenidas en el párrafo quinto del Título I, principalmente los artículos 32 a 37, así como el artículo 63 letra f) de la LOCM, que confiere al Alcalde la competencia de administración de los bienes municipales y de los bienes nacionales de uso público existentes en la comuna, así como el artículo 65 de la LOCM que establece los casos en los que el alcalde requiere del acuerdo del concejo municipal.

Así, es una atribución esencial de las municipalidades, y particularmente competencia del alcalde, la administración tanto de los bienes propios como de los bienes nacionales de uso público existentes en la comuna. Cabe reiterar que, en virtud del artículo 5 de la LOCM, la competencia para administrar bienes de dominio público tiene lugar ante la ausencia de norma legal expresa que confiera dicha administración a otros órganos de la Administración del Estado, lo que podría generar confusiones[28].

III. BIENES NACIONALES DE USO PÚBLICO

1. La adquisición de bienes nacionales de uso público

La LOCM no contiene disposiciones relativas a la incorporación de bienes al dominio público, salvo por las normas relativas a la regulación urbanística comunal (artículos 33 y 65 literal g) de la LOCM).

En este sentido, las municipalidades están facultadas para expropiar bienes raíces para dar cumplimiento a las normas del plan regulador comunal[29], los cuales se declaran de utilidad pública (artículo 33 de la LOCM). Asimismo, se declaran de utilidad pública los "inmuebles destinados a vías locales y de servicios y a plazas que hayan sido definidos como tales por el concejo municipal a propuesta del alcalde, siempre que se haya efectuado la provisión de fondos necesarios para proceder a su inmediata expropiación".

Por ende, las municipalidades pueden expropiar bienes raíces para ejecutar el plan regulador comunal o destinarlos a vías locales y de servicios y a plazas, afectándolos al uso público.

Por otra parte, la LGUC también contempla la adquisición de los terrenos de equipamiento cedidos para la obtención de la recepción definitiva de las obras (artículo 135 letra b) de la LGUC.

---

28 Un posible ejemplo son las materias marítimas, donde tiene aplicación de la Ley de Concesiones Marítimas, contenido en el DFL N° 340 o bien en el caso de las aguas y el rol de la Dirección General de Aguas, cuyas facultades se consagran principalmente en el Código de Aguas, considerando que los bordes marítimos pueden encontrarse en territorio municipal o bien que corren cursos de aguas por diversos territorios municipales.

29 No es posible utilizar la potestad expropiatoria para habilitar equipamiento municipal si el Plan Regulador Comunal contempla otros usos permitidos para la misma zona, sin perjuicio de que la Municipalidad podría adquirir el dominio según las reglas generales, en: Dictamen CGR N° E116594, de 2021.

2. *La administración de los bienes nacionales de uso público: el permiso y la concesión*

Los bienes nacionales de uso público han sido reservados por ley al uso y goce de todos los habitantes de la nación. No obstante, la legislación municipal confiere al alcalde competencias para el otorgamiento de permisos y concesiones privativos sobre estos bienes. Así lo reconoce el artículo 36 de la LOCM: "los bienes municipales o nacionales de uso público, incluido su subsuelo, que administre la municipalidad, podrán ser objeto de concesiones y permisos".

De acuerdo con la jurisprudencia de la CGR, "tanto los permisos como las concesiones implican la ocupación exclusiva de bienes nacionales de uso público, específicamente determinados y delimitados, durante un período más o menos permanente, con la finalidad de desarrollar las actividades amparadas en dichas autorizaciones"[30]. Así, se consagran dos técnicas distintas que hacen posible conceder a los particulares el uso exclusivo de los bienes nacionales de uso público.

Sin perjuicio de lo anterior, también existen otras formas de acceder a los bienes nacionales de uso público, como por ejemplo, el contrato previsto en la Ley N° 19.865, sobre Financiamiento Urbano Compartido, que faculta a las municipalidades a suscribir convenios de participación para la ejecución, operación y mantención de obras urbanas, a cambio de una contraprestación que puede consistir en un derecho de uso o goce sobre uno o más bienes inmuebles por un período determinado.

a. Elementos característicos de las concesiones y los permisos

Los permisos y las concesiones son títulos de administración en virtud de los cuales las municipalidades confieren al destinatario de estos actos de contenido favorable el uso privativo de un determinado bien nacional de uso público de administración municipal[31].

---

30 Dictamen CGR N° 12.212, de 2019.

31 La CGR ha destacado que "tanto los permisos como las concesiones implican la ocupación exclusiva de bienes nacionales de uso público, específicamente determinados y delimitados, durante un período más o menos permanente, con la

El permiso ha sido definido como "el acto administrativo por medio del cual se otorga en forma exclusiva y excluyente un cierto uso de poca importancia jurídico-económico-social sobre un bien de dominio público"[32].

La Corte Suprema ha definido a la "concesión administrativa" como "un contrato que crea a favor de un particular una capacidad o un nuevo derecho o que transfiere al particular un derecho que es propio de la administración y del que el particular carecía totalmente"[33]. La doctrina, por su parte, describe la concesión como "un acto jurídico unilateral en virtud del cual un órgano administrativo o judicial constituye en favor de un particular un derecho de uso exclusivo, goce o disposición de un bien nacional o de sus productos en ejercicio de una función administrativa de fomento, policía servicio o empresa del Estado"[34].

Las notas distintivas de cada uno de estos títulos de administración de bienes nacionales de uso público se vinculan principalmente con el acto de otorgamiento; la forma de renovación de cada uno; la decisión sobre su régimen de modificación y término anticipado; y, finalmente, con su naturaleza en cuanto acto unilateral o actuación bilateral de la Administración del Estado.

---

finalidad de desarrollar las actividades amparadas en dichas autorizaciones", en: Dictamen CGR N° 12.212, de 2019. Asimismo, la doctrina autorizada ha hecho constar que "la diferencia entre ambos tipos de actos no radica en la naturaleza del uso que confieren —ambos otorgan un derecho exclusivo sobre el uso de dichos espacios—, sino en la naturaleza de los derechos que otorgan", en: Cordero Quinzacara, "El derecho urbanístico, los instrumentos de planificación territorial y el régimen jurídico de los bienes públicos", *Revista de Derecho de la Pontificia Universidad Católica de Valparaíso*, N° 29 (2007), 269-298, doi: 10.4067/S0718-68512007000100009.

32 Bermúdez Soto, *Derecho Administrativo General* (Santiago: Thomson Reuters, 2011), 690-691; citando a Montt Oyarzún, *El dominio públic: estudio de su régimen especial de protección y utilización* (Santiago: ConoSur, 2002), 308.

33 Corte Suprema, sentencia Rol N° 5.042-2019, considerando duodécimo de la sentencia de casación.

34 Arancibia, "La concesión de bienes nacionales: concepto, objeto, fines y consecuencias prácticas", en: *El Dominio Público. Actas de las XV Jornadas Nacionales de Derecho Administrativo (2018),* ed. por Jaime Arancibia y Patricio Ponce (Santiago, 2019), 327-375.

En primer lugar, los permisos son otorgados directamente por el alcalde (artículo 63 letra g de la LOCM), mientras que las concesiones son otorgadas por dicha autoridad, pero con autorización previa del concejo municipal (artículo 65 letra k de la LOCM). Esta autorización requiere de la mayoría absoluta de los concejales asistentes a la sesión respectiva (artículo 86 de la LOCM).

En segundo lugar, la renovación de los permisos es competencia exclusiva del alcalde (artículo 63, letra g de la LOCM)[35]. En cambio, para la renovación de las concesiones municipales el alcalde requerirá acuerdo del concejo municipal dentro de los seis meses que precedan a su expiración (artículo 65, letra k de la LOCM).

En tercer lugar, respecto a la modificación y término anticipado, de acuerdo a la LOCM "los permisos serán esencialmente precarios y podrán ser modificados o dejados sin efecto, sin derecho a indemnización" (artículo 36 de la LOCM). Por consiguiente, la precariedad del permiso es esencial al mismo y su titular no tiene derecho a reclamar indemnización alguna ante la decisión del alcalde de dejar sin efecto la concesión o bien de modificar su contenido[36].

Sin embargo, el carácter de precario no hace desaparecer el requisito de motivación exigible a todo acto administrativo. En este sentido, la CGR ha dictaminado que al ejercer la atribución de poner término a un permiso, las municipalidades no pueden llevar a cabo actos arbitrarios o discriminatorios. Por el contrario, estos actos deben ser motivados, contener fundamentos que den cuenta de las razones en virtud de las cuales se ha adoptado la decisión y, en definitiva, acreditar que no se ha obrado por mero capricho[37]. En este mismo sentido se ha pronunciado la jurisprudencia judicial, en

---

35 En este sentido, además, el considerando sexto de la sentencia Corte Suprema, Rol N° 104.638-2020.

36 *Ibid.* Sin perjuicio de lo anterior, la Corte Suprema ha concedido indemnización por término anticipado de la municipalidad sin mediar incumplimiento por la permisionaria, en un caso en el que constató la existencia de un acuerdo comercial previo al permiso precario. Se trata de un supuesto de indemnización de perjuicios por responsabilidad contractual, como se señala en la sentencia del asunto *Vera Castro con Municipalidad de Buin.*

37 Dictamen CGR N° 12.212, de 2019; Dictamen CGR N° 5.450, de 2017; Dictamen CGR N° 12.816, de 2016, Dictamen CGR N° 26.186, de 2012; y Dictamen CGR N° 12.834, de 2010, entre otros.

cuanto al estándar de motivación en el caso de potestades discrecionales[38] y también considerando el ejercicio general de esta facultad en relación con otros particulares[39].

La doctrina se ha pronunciado acerca de la precariedad, señalando que se trata de un rasgo consustancial al uso privativo del dominio público, no obstante existen teorías que intenten equiparar la precariedad a la arbitrariedad[40]. Ciertamente, se trata de cosas distintas. En efecto, la Administración siempre conserva la facultad de poner término a los permisos que ha otorgado, pero debe hacerlo siguiendo las reglas generales en materia de actuación administrativa y respetando todos los elementos del acto administrativo, especialmente el deber de motivación.

En cuanto a las concesiones, la municipalidad puede ponerles término anticipado en cualquier momento en la medida que sobrevenga un menoscabo o detrimento grave al uso común o cuando concurran otras razones de interés público. Para ello, la municipalidad debe proceder al pago de una indemnización, salvo que el término se haya producido por el incumplimiento de las obligaciones del concesionario (artículo 36 de la LOCM). Estas exigencias contrastan con la mayor libertad que existe en la fundamentación cuando se trata de un permiso.

Por ende, tanto los permisos como las concesiones pueden terminarse anticipadamente, aunque con efectos distintos y en ambos casos sujetándose a la regla general de la motivación.

Finalmente, en relación con la naturaleza jurídica, los permisos poseen una naturaleza unilateral indiscutible, pues sólo requieren la manifestación de voluntad de una parte —la municipalidad— para perfeccionarse y producir sus efectos. Basta así con el decreto de otorgamiento del permiso. Las concesiones de bienes nacionales de uso público, y sin perjuicio de no ser esta una materia pacífica, tienen

---

38 Corte Suprema, sentencia Rol Nº 3.598-2017.

39 Corte Suprema, sentencia Rol Nº 24.615-2014.

40 Blake (2019), "La precariedad como garantía de protección del dominio público municipal", en: *El Dominio Público. Actas de las XV Jornadas Nacionales de Derecho Administrativo (2018)*, ed. por Jaime Arancibia y Patricio Ponce (Santiago, 2019), 451-452.

una naturaleza bilateral. Si bien la intervención del concejo municipal no produce ninguna distinción en esta materia, lo cierto es que la concesión se otorga por medio de un contrato en que interviene el consentimiento de la municipalidad y del concesionario.

b. Alcances de la discrecionalidad municipal en materia de administración de bienes nacionales de uso público

Siendo la administración de los bienes nacionales de uso público una atribución esencial de las municipalidades, la jurisprudencia ha destacado la discrecionalidad municipal en la elección de un permiso o concesión para el otorgamiento de derechos exclusivos sobre tal categoría de bienes. Así, la CGR ha dictaminado que el mérito, oportunidad o conveniencia en la decisión de otorgar un permiso o concesión corresponde al alcalde y, por consiguiente, que a la CGR no le incumbe valorar tal decisión[41]. En consecuencia, es la autoridad municipal quien debe evaluar la pertinencia de otorgar un permiso o una concesión en cada caso concreto, no pudiendo la elección entre uno u otro mecanismo dar lugar a un reproche de ilegalidad.

Es relevante que el acto administrativo exprese su propia naturaleza jurídica, para efectos de dar certeza jurídica a su destinatario y a los posibles interesados. De acuerdo con la jurisprudencia[42], de no existir tal indicación, la determinación de si se trata de un permiso o concesión dependerá de las autoridades que participen en el mismo —alcalde y concejales o bien solo el alcalde— y si la dictación de ese acto ha sido precedida —o no— de una licitación pública. En base a esos criterios se asignaría la calidad de permiso o concesión.

En cuanto a la decisión del alcalde de otorgar o denegar permisos para la ocupación de bienes nacionales de uso público, la CGR ha justificado el carácter discrecional de la decisión al considerar que "aquellos constituyen un acto jurídico unilateral precario, de modo que, solicitado, su otorgamiento, modificación y término requiere exclusivamente la concurrencia de la voluntad de la autoridad

---

41 Dictamen CGR N° 12.816, de 2016, Dictamen CGR N° 7.389, de 2014 y Dictamen CGR N° 25.343, de 2012.

42 Corte de Apelaciones de Santiago, sentencia Rol Contencioso Administrativo-602-2021.

administrativa"[43]. En virtud de lo anterior, estimó que se ajustaba a derecho la modificación a una ordenanza que eliminaba la posibilidad de obtener un permiso para la venta de artículos nuevos en ferias libres. La CGR consideró que "no puede entenderse que tal decisión constituye una arbitrariedad que vulnere o restrinja el derecho a desarrollar una actividad económica"[44].

Ahora bien, el ejercicio de las potestades discrecionales de administración especial de las que gozan las municipalidades encuentra su límite en la propia CPR a través de los principios de juridicidad (artículos 6 y 7 de la Carta Fundamental) y de interdicción de la arbitrariedad (artículo 19 Nº 2 CPR).

Así, para denegar un permiso, la autoridad municipal deberá adoptar una especial cautela para no incurrir en diferencias arbitrarias de trato entre solicitantes de permisos que se encuentren en situaciones equiparables. Una diferencia se califica de arbitraria cuando es caprichosa, contraria a la equidad o ética elementales, irracional o injustificable[45]. En este sentido, una sentencia de la Excma. Corte Suprema consideró a lo menos arbitraria y vulneratoria del artículo 19 Nº 2 de la CPR la negativa de una municipalidad a otorgar un permiso de ocupación de bien nacional de uso público en circunstancias que se había otorgado otro a una persona que se encontraba en una situación análoga[46].

Resulta pertinente recordar que una de las formas más ilustrativas de analizar si un trato diferenciado puede ser tachado de arbitrario consiste en examinar la relación entre tres elementos: cuál es la diferencia de trato; quién es el afectado, y cuál es su propósito. Así, el trato será arbitrario si la Municipalidad otorga a un solicitante un permiso de ocupación de un determinado bien nacional de uso público y adopta la decisión en contrario respecto de otro, encontrándose ambos en semejante situación y sin que logre vislumbrarse

---

43 Dictamen CGR Nº 29.813, de 2017.

44 *Ibid.*

45 Tribunal Constitucional, sentencias Rol Nº 12.415-2022, considerando trigésimo séptimo; Rol Nº 5.275-2019, considerando vigésimo séptimo; Rol Nº 7.972-2020, considerando cuadragésimo; y Rol Nº 1.204-2009, considerando undécimo, entre otras.

46 Corte Suprema, sentencia Rol Nº 14.936-2020, considerando séptimo.

un propósito o finalidad comprensible que justifique la adopción de decisiones contradictorias.

Un límite adicional a la discrecionalidad municipal para el otorgamiento de permisos o concesiones sobre bienes nacionales de uso público consiste precisamente en el respeto a la naturaleza pública del inmueble sobre el que se otorgan derechos exclusivos. En este sentido, la CGR ha advertido que el otorgamiento de un permiso de ocupación de un bien nacional de uso público "no puede significar que se estorbe o impida su uso común o general"[47], imposibilitando que las demás personas transiten por áreas cuyo uso está destinado a todos los habitantes de la nación. Este razonamiento se ha aplicado, por ejemplo, al caso de una municipalidad que otorgó un permiso para desplazar hacia la vereda los cierros de sus antejardines por motivos de seguridad[48]. De la misma manera, y con motivo de patentes que amparen actividades comerciales en la vía pública la CGR ha exigido a las autoridades comunales "*tener el absoluto convencimiento de que aquella corresponderá a una actividad lícita, y solo con esa certeza podrá otorgarla*"[49].

Para que las decisiones municipales sean conformes a derecho, es imprescindible que exista coherencia con la realidad y que ésta conste en los fundamentos de las decisiones adoptadas por la municipalidad al ejercer sus potestades de administración de los bienes nacionales de uso público. En este sentido, advirtiendo en una disidencia un vicio de desviación de poder, la Corte Suprema sostuvo que "si bien es cierto que de los artículos 36 y 63 letra g) de la Ley N° 18.695 puede colegirse que la autoridad se encuentra facultada para denegar el permiso solicitado, ello no libera a la autoridad municipal de la obligación de aducir una razón y motivar el acto"[50].

---

[47] Dictamen CGR N° 12.212, de 2019, Dictamen CGR N° 1.133, de 2012, y Dictamen CGR N° 29.391, de 2011.

[48] Dictamen CGR N° 1.133, de 2012.

[49] Dictamen CGR N° E240.684, de 2022.

[50] Corte Suprema, sentencia Rol N° 8.163-2018, considerando séptimo del voto disidente de los Ministros Sergio Muñoz y María Eugenia Sandoval. En similar sentido la disidencia del Ministro Sergio Muñoz en *Mora con Municipalidad de San Bernardo*. Además, se ha señalado que no habrá vulneración de garantías constitucionales ni ausencia de motivación respecto de la renovación del per-

Pues bien, la veracidad de la motivación es condicionante de la validez de una decisión municipal de esta naturaleza, sobre todo teniendo presente el carácter discrecional de esta potestad. Este criterio se replica en materia de renovación y especialmente de término anticipado, en este último caso, teniendo además presente que el contenido del acto es desfavorable para el destinatario.

Así, al ejercer la atribución de poner término a los permisos y concesiones, las municipalidades deberán desplegar un especial cuidado en la expresión de las concretas y verdaderas razones justificantes de tal decisión que hagan posible al particular afectado el entendimiento de las mismas, y al mismo tiempo, evitar decisiones vulneratorias de la igualdad constitucional[51].

c. Propuesta de criterios para optar entre permisos y concesiones

El legislador no provee criterios para determinar cuándo la municipalidad debería optar por el permiso y cuándo por la concesión. Tampoco lo ha hecho la doctrina ni la jurisprudencia. Este silencio posiblemente se justifica en el reconocimiento de la discrecionalidad que caracteriza la toma de esta decisión por parte de las municipalidades.

---

miso si, para decidirlo, la municipalidad pone en conocimiento del interesado la medida de término junto con sus fundamentos, recibe antecedentes documentales y probatorios y da curso a sus presentaciones, realiza diligencias de comprobación de antecedentes, oye en audiencia presencial al reclamante, le ofrece soluciones provisorias —rechazadas por aquél— y, en suma, valora los antecedentes emitiendo una resolución fundada, (Corte Suprema, sentencia Rol N° 111.162-2022).

51 En este sentido, debe tenerse especialmente presente el artículo 11, inciso segundo, de la LBPA, que ordena expresar siempre los hechos y fundamentos de derecho en aquellos actos que afectaren los derechos de los particulares, y el artículo 41, inciso cuarto, de la misma ley, que dispone que "las resoluciones contendrán la decisión, que será fundada". Sobre la exigencia de motivación la Corte Suprema ha entendido que tal requisito "no será satisfecho sino cuando los argumentos del órgano administrativo que adopta la resolución consistan en razones objetivas y comprobables que doten de razonabilidad a la decisión terminal, suprimiendo todo dejo de arbitrariedad", en: Corte Suprema, sentencia Rol N° 14.072-2021, considerando sexto.-En igual sentido, Corte Suprema, sentencia Rol N° 8.190-2019, considerando noveno.

Por otra parte, la realidad demuestra la ausencia de uniformidad en la actuación de las distintas municipalidades, e incluso más, es común la ausencia de uniformidad en la elección de la técnica permisionaria o concesional al interior de una misma municipalidad.

Sin perjuicio del reconocimiento de la discrecionalidad administrativa en la elección de la técnica de administración —permiso o concesión— resulta necesario que el ejercicio de esta potestad no se realice de un modo arbitrario. Para ello, a continuación, se proponen algunos criterios que permiten dar luces sobre la conveniencia y razonabilidad de optar por una u otra técnica.

Un primer criterio a considerar, atiende a la superficie solicitada. A mayor magnitud y relevancia de la superficie, se debiese optar por una concesión y no por un permiso.

Un segundo criterio, consiste en la permanencia o transitoriedad de la actividad que se desarrollará. En el primer caso, la técnica más adecuada será la concesión. En cambio, para actividades transitorias, será preferible el permiso municipal.

Finalmente, los montos de inversión también podrían considerarse como un criterio para la determinación de la técnica jurídica, de modo tal que ante inversiones cuantiosas se prefiera la concesión por sobre el permiso.

Si bien estos criterios no se encuentran contenidos en la LOCM, su fundamento puede ser extraído del propio tenor del artículo 36 de la LOCM, así como de otras normas especiales de nuestro ordenamiento jurídico que distinguen el título de utilización en relación a su importancia y duración en el tiempo[52]. Asimismo, se consideran las distinciones realizadas por doctrina nacional[53].

Es recomendable que los criterios para optar por una técnica u otra sean recogidos por cada municipalidad en la respectiva ordenanza, o al menos, en una resolución de la municipalidad con efectos

---

52 Por ejemplo, en materia de concesiones marítimas; como puede ser apreciado a partir del D.F.L. N° 340 de 1960 y su reglamento, contenido en el Decreto Supremo N° 9 de 2018, del Ministerio de Defensa Nacional.

53 Ver Fernández Richards, *Derecho Municipal Chileno*, 2ª ed. (Santiago: Editorial Jurídica de Chile, 1997) 52-54. El autor hace referencia al caso de un kiosco como un ejemplo de actividad que debiese ser amparada por un permiso.

internos, a fin de orientar las decisiones en esta materia y resguardar el correcto uso de la discrecionalidad que el legislador ha otorgado a las municipalidades.

3. La administración de bienes nacionales de uso público y la prestación de servicios municipales

Resulta esencial distinguir las potestades de administración de bienes nacionales de uso público de la prestación de servicios municipales, toda vez que solo las primeras habilitan a la municipalidad a optar por el otorgamiento de una concesión administrativa o bien de un permiso precario de ocupación de bien nacional de uso público. Los servicios municipales, en cambio, cuando son prestados a través de terceros, exigen y requieren el otorgamiento de una concesión.

De acuerdo con el inciso tercero del artículo 8 de la LOCM, las municipalidades "podrán otorgar concesiones para la prestación de determinados servicios municipales", lo que supone en este caso que el servicio no sea prestado directamente por el ente edilicio sino a través de un particular —ya sea una persona natural o jurídica— a cambio de una contraprestación.

De acuerdo a la jurisprudencia de la CGR[54] son notas características de la concesión de servicios municipales: 1) que la municipalidad encomiende a un particular la atención de un servicio municipal destinado a satisfacer las necesidades de la comunidad local; 2) que el servicio sea prestado por cuenta y riesgo del concesionario; 3) que el servicio sea prestado por un tiempo determinado; 4) que el servicio sea prestado en las condiciones y bajo la vigilancia que el órgano comunal establezca; y 5) que el concesionario del servicio municipal reciba una contraprestación, la que podría consistir "en el pago por el municipio, de una suma de dinero al concesionario, en el entero de derechos municipales por parte de este último o en el derecho del privado de explotarlo y obtener beneficio de ello"[55].

---

[54] Dictamen CGR N° 4.372, de 2018; Dictamen CGR N° 51.840, de 2015, y Dictamen CGR N° 45.297, de 2010, entre otros.

[55] Dictamen CGR N° 4.372, de 2018.

La jurisprudencia administrativa ha sido clara en cuanto a que la existencia de un servicio municipal obliga a la utilización de la técnica concesional, que deberá ser otorgada previo proceso de licitación pública si el total de los derechos o prestaciones que deba pagar el concesionario es superior a cien unidades tributarias mensuales (artículo 8° inciso tercero y artículo 66 de la LOCM). Así se ha señalado en relación al servicio de recolección de basura[56] y al servicio de parquímetros de estacionamiento[57].

De lo anterior, se desprenden dos conclusiones. La primera, que un servicio municipal no puede ser prestado en virtud de un permiso; y la segunda, que un permiso sobre un bien nacional de uso público no puede incluir prestaciones que puedan catalogarse como servicios municipales.

IV. BIENES INMUEBLES MUNICIPALES

1. Adquisición de bienes inmuebles municipales

Las municipalidades pueden adquirir el dominio de bienes inmuebles utilizando mecanismos de derecho privado, pero con cierta intervención de normas de derecho público.

Así, es posible que las municipalidades adquieran el dominio de bienes inmuebles municipales por cualquiera de los modos de adquirir el dominio previstos en el Código Civil. En cualquier caso, se requerirá cumplir con los procedimientos y requisitos del derecho administrativo como es la aprobación del concejo municipal, de conformidad a lo previsto por el artículo 65 de la LOCM.

---

56 Dictamen CGR N° 63.418, de 2014.
La licitación del servicio de recolección, traslado y disposición final de residuos sólidos domiciliarios encuentra además regulación especial —y reciente— en el artículo 6 de la LBCASPS

57 Dictamen CGR N° 9.911, de 2011, define el parquímetro como un servicio por cuanto en virtud de su uso “se atiende una necesidad de la comunidad, cual es, la de distribuir los estacionamientos en aquellos sectores de mayor congestión, en que las posibilidades de aparcamiento son insuficientes”; Dictamen CGR N° 4.372, de 2018 y Dictamen CGR N° 10.353, de 2018.

2. *Administración de bienes inmuebles*

Las municipalidades tienen dentro de sus atribuciones esenciales la administración de los bienes municipales (artículo 5 de la LOCM). La competencia de administración recae sobre el alcalde (artículo 63 de la LOCM), como máxima autoridad municipal.

De la normativa municipal sobre administración de bienes propios, aparece que los bienes municipales destinados al funcionamiento de sus servicios son inembargables (artículo 32 de la LOCM); que los bienes municipales sólo pueden ser enajenados, gravados o arrendados en caso de necesidad o utilidad manifiesta (artículo 34 de la LOCM); y que, para adquirir, enajenar, gravar o arrendar por un plazo superior a cuatro años o para traspasar a cualquier título el dominio o mera tenencia de bienes inmuebles municipales, el alcalde requerirá contar con el acuerdo del concejo municipal (artículo 65, letra f) de la LOCM). Dicho acuerdo deberá adoptarse por la mayoría absoluta de los concejales asistentes a la sesión respectiva (artículo 86 de la LOCM).

Adicionalmente aquellos contratos que involucren montos iguales o superiores a quinientas unidades tributarias mensuales[58], o bien, cuya duración exceda el período alcaldicio requerirán autorización del concejo municipal. En el primer caso, el acuerdo deberá adoptarse por mayoría absoluta de los concejales asistentes a la sesión respectiva y, en el segundo, el quórum de aprobación exigido se eleva a dos tercios del concejo (artículo 65, letra j de la LOCM).

Estas limitaciones que se aplican a la administración municipal sobre sus bienes propios son demostración de la intervención e incidencia del derecho público en un ámbito que en principio se encuentra regido por el derecho civil. Por ende, si bien los inmuebles municipales se encuentran sujetos a la celebración de contratos civiles para el otorgamiento de derechos exclusivos sobre los mismos, ello opera con ciertas restricciones.

---

58 Sobre esto, la CGR ha determinado que sólo requieren acuerdo del Concejo los convenios que superen ese monto y se imputen al presupuesto municipal, no así cuando se trate de fondos de terceros (Gobierno Regional, ministerios, etc.). Lo anterior, pues respecto de esos fondos el Concejo tiene facultad fiscalizadora, pero no resolutiva. Dictamen CGR N° 21.140, de 2006.

La CGR también ha hecho referencia a la posibilidad de otorgar el uso de un inmueble municipal a través de la técnica de la concesión. Para este efecto, se distinguen los comodatos de las concesiones, acentuando que son dos relaciones jurídicas distintas: uno es un contrato de derecho privado en que "una de las partes entrega a la otra gratuitamente una especie, mueble o raíz, para que haga uso de ella, y con cargo de restituir la misma especie después de terminado el uso" (artículo 2174 del CC) y que procede si el comodatario colabora con la municipalidad en el cumplimiento de una función municipal. La concesión, en cambio, es una decisión que se rige por el derecho público, que siempre implica el pago de derechos del concesionario y que no tiene necesariamente una relación directa con el cumplimiento de alguna función municipal[59].

La elección sobre si la entrega de un bien municipal se hace a través de mecanismos civiles o del derecho público es fundamental. De utilizar contratos civiles, las municipalidades actúan como un particular, sin potestades de imperio, de lo que se sigue que no pueden, en principio, terminar anticipadamente de forma unilateral el contrato[60] sino que deberán recurrir a los tribunales de justicia para ello. No obstante, en caso de que el contrato celebrado por la municipalidad pueda calificarse como uno de naturaleza administrativa en atención al interés o finalidad pública que motiva su celebración, la imposibilidad de ejercer potestades de imperio por parte de la municipalidad podría resultar discutible[61].

En cualquier caso, hay reglas generalmente aplicables. Así, la CGR ha sido enfática en cuanto a que tanto concesiones como los comodatos requieren, sin excepción, de aprobación del concejo municipal[62].

---

59 Dictamen CGR N° 12.864, de 1995 y Dictamen CGR N° 12.816, de 2016.

60 Así, por ejemplo, en Corte Suprema, sentencia Rol N° 13.253-2023.

61 Corte Suprema, sentencia Rol N° 16-2017.

62 A mayor abundamiento, la CGR ha resuelto que la entrega de bienes en comodato no posee una naturaleza que incida en la administración financiera municipal, y que por tal razón su votación puede ser propuesta por los concejales, lo que hace excepción a la regla del artículo 65 de la legislación orgánica municipal, en el sentido de que las materias que requieren el acuerdo del Concejo son de iniciativa del Alcalde, en Dictamen CGR N° E266323, de 2022, y Dictamen CGR N° 32.411, de 2017.

En cuanto al procedimiento de contratación, en virtud de la jurisprudencia de la CGR[63] se puede entender que solo sería necesario realizar una licitación para el otorgamiento de concesiones, pero no para la celebración de un comodato. En efecto, al tratar en un mismo pronunciamiento la figura del comodato y de la concesión de bienes municipales, el dictamen limita únicamente a ésta última la aplicación de lo dispuesto en el artículo 8 de la LOCM, señalando que el otorgamiento de las concesiones se hará por regla general por licitación pública. Sin embargo, esta interpretación no sería acertada si se califica el comodato como un contrato administrativo, pues en estos casos se debería dar aplicación al artículo 9 de la LOCBGAE que contiene una regla de oro en materia de contratación pública: de acuerdo a este mandato legal, todo contrato administrativo se debe celebrar previa propuesta pública, privada o bien mediante trato directo[64]. Refuerza esta conclusión la consideración de que la CGR sí ha hecho aplicable el mandato licitatorio a contratos civiles, como ocurre, por ejemplo, con contratos de arrendamiento[65].

Por otra parte, cuando las municipalidades requieren utilizar la fuerza pública para, por ejemplo, llevar adelante un desalojo, pueden requeriría del delegado Presidencial Provincial[66], en virtud de la atribución que le confiere el artículo 4, letras d) y h) de la Ley N° 19.175 sobre Gobierno y Administración Regional, así como artículo 26 letras d) y f) de la Ley Orgánica del Servicio de Gobierno Interior de la República.

Aunque se ha interpretado que la antes mencionada facultad solo procede respecto de bienes nacionales de uso público, no de bienes que pertenecen en propiedad al Fisco u otras personas jurídicas estatales[67], existen sentencias recientes de los Tribunales Superiores de

---

63 Dictamen CGR N° 12.816, de 2016.

64 Dictamen CGR N° 91.687, de 2016.

65 Dictamen CGR N° E249989, de 2022; Dictamen CGR N° 91.687, de 2016, y Dictamen CGR N° 87.444, de 2015.

66 Corte Suprema, sentencia Rol N° 905-2014.

67 En Corte Suprema, sentencias Rol N° 26.300-2019 y Rol N° 33.432-2020.

Justicia[68], así como dictámenes de la CGR[69], que han soslayado la ausencia de potestad municipal para requerir por sí misma el desalojo con fuerza pública de bienes propios.

V. EL CASO DE LOS CAMINOS PRIVADOS DE ACCESO A PLAYAS DE MAR, RÍOS Y LAGOS

Aunque no existe una relación clara y expresa entre los caminos privados y las facultades municipales, y no siendo posible calificar esta relación como forma de administración municipal de bienes inmuebles —desde que no se trata de bienes nacionales de uso público ni tampoco de bienes municipales— es interesante hacer referencia al criterio jurisprudencial sostenido tanto por la CGR como por la Corte Suprema para intentar solucionar un problema práctico derivado de la facultad que ostenta la Administración para fijar vías de acceso a las playas.

En virtud del artículo 13 del Decreto Ley N° 1.939, de 1977, la Intendencia Regional —en la actualidad, Delegación Presidencial Regional—, a través de la Secretaría Regional Ministerial de Bienes Nacionales y previa audiencia de los interesados, puede determinar prudencialmente la fijación de una vía de acceso a las playas de mar, ríos y lagos, a través de predios particulares, si no existen otras vías o caminos públicos al efecto. Los propietarios, arrendatarios o meros tenedores de los terrenos gravados con esta carga pública deben soportarla[70] de forma gratuita y sin poder obstaculizar o cerrar estas vías.

---

68 Corte Suprema, sentencia Rol N° 47.886-2023. En ese caso la Municipalidad dispuso —y ejecutó— el desalojo con fuerza pública por sí misma de un patio de la Macroferia Municipal, fundado en una bastante laxa interpretación de las normas de la Ley Orgánica de Carabineros de Chile. Los afectados recurrieron, pero la Corte Suprema rechazó el arbitrio por no ser la vía idónea existiendo el reclamo de ilegalidad municipal.

69 Dictamen CGR N° E428353, de 2023.

70 El inciso segundo de la norma establece un contencioso especial que se sigue ante la justicia ordinaria para discutir la fijación de las vías de acceso.

Esta declaración de la autoridad, por cierto, no tiene la virtud de modificar la propiedad del inmueble, que continúa siendo de naturaleza privada, aunque sujeto a la carga pública de soportar el tránsito.

La dificultad consiste en determinar quién es la persona o entidad llamada a administrar, conservar y mantener esas vías, de manera de que sirvan para el propósito que establece la ley. Corresponde descartar que tal carga pese sobre el propietario, ya que la ley lo obliga a soportar el tránsito de quienes deseen acceder a la playa, pero no a mantener las vías en determinadas condiciones. En este sentido, al tratarse de una carga pública debiese interpretarse de forma restrictiva.

Asimismo, tampoco podría asignarse esa administración a un ente público, pues la ley no entrega esa competencia y los órganos del Estado no tienen más potestades ni atribuciones que las que les confiere el ordenamiento jurídico.

Pues bien, la solución al problema pasó en primer lugar por la CGR, previa consulta de la Comisión de Pesca, Acuicultura e Intereses Marítimos de la Cámara de Diputados. En su pronunciamiento el Ente Contralor dictaminó[71] que, tratándose de vías fijadas en bienes municipales o nacionales de uso público, su administración correspondería a las municipalidades o a la Dirección de Vialidad del Ministerio de Obras Públicas. Y en el evento de ser privados los inmuebles soportantes del gravamen, resulta aplicable la jurisprudencia previa de la CGR en cuya virtud las municipalidades pueden invertir dineros públicos en terrenos particulares, "siempre que ello conlleve el beneficio de la comunidad en general, y se realicen en el marco de las señaladas competencias municipales"[72].

Respecto de las municipalidades, esto se vincularía con la finalidad de satisfacer las necesidades de la comunidad local y asegurar su participación en el progreso económico, social y cultural, sumado a

---

71 Dictamen CGR N° 4.472, de 2019. En similar sentido resolvió la CGR recientemente en el Dictamen CGR N° E263.384, de 2022, respecto de la inversión del Fondo Regional de Inversión Local (FRIL) de los gobiernos regionales en caminos CORA o públicos por aplicación de la presunción del Decreto con Fuerza de Ley N° 850 del Ministerio de Obras Públicas.

72 Dictamen CGR N° 34.727, de 2003; Dictamen CGR N° 33.525, de 2007, y Dictamen CGR N° 72.582, de 2009.

la promoción del desarrollo comunitario, el fomento productivo, el turismo, deporte y recreación, la vialidad urbana y rural y el tránsito público, entre otras.

Este criterio ha sido recogido expresa y recientemente por los Tribunales Superiores de Justicia, tanto en sede de acción de protección[73] como de reclamo de ilegalidad municipal[74]. En ambos casos la Corte Suprema recurre al criterio de la CGR, compartiendo las apreciaciones y juicios ahí vertidos. Añade que "el referido camino privado se encuentra al servicio de la comunidad al estar destinada de acceso a una playa —bien nacional de uso público— existiendo un verdadero gravamen sobre el mismo al tenor del artículo 13 del D.L. N° 1.939, esto es, dicha vía posee un fin público desde que favorece el acceso a la playa para toda la comunidad"[75].

De lo anterior pareciera surgir una nueva clase de bienes: aquellos de carácter privado pero que poseen un fin público y que, sin ser bienes nacionales de uso público ni tampoco bienes municipales, pueden ser administrados y mantenidos por las municipalidades.

VI. REGLAS COMUNES APLICABLES A BIENES NACIONALES DE USO PÚBLICO Y BIENES MUNICIPALES

1. El caso de los "establecimientos"

Como ya fue señalado, las municipalidades gozan de habilitación legal para el otorgamiento de concesiones sobre sus bienes propios o sobre los bienes nacionales de uso público, incluido su subsuelo, que administran (artículo 36, inciso primero de la LOCM). En palabras de la CGR se trata de la facultad de otorgar "concesiones sobre bienes específicos"[76].

Asimismo, en virtud del artículo 8 inciso tercero de la LOCM, las municipalidades pueden confiar la prestación de servicios mu-

---

73 Corte Suprema, sentencia Rol N° 7.270-2022.

74 Corte Suprema, sentencia Rol N° 44.044-2022.

75 Corte Suprema, sentencia Rol N° 44.044-2022 Considerando quinto.

76 Dictamen CGR N° 24.751, de 2002.

nicipales en personas naturales o jurídicas que se encarguen de satisfacerlos, labor que se efectuará por cuenta y riesgo del particular, bajo la vigilancia de la municipalidad y en las condiciones que ésta determine.

A partir de la segunda parte de esta disposición es posible afirmar que tratándose de inmuebles susceptibles de ser calificados como "establecimientos" la entrega de éstos exige la utilización de la técnica concesional.

En palabras de la CGR, la concesión de establecimientos supone "la entrega en administración de una universalidad jurídica, es decir, de un conjunto de bienes muebles e inmuebles que constituyen un todo armónico, distinto de aquellos que lo conforman"[77]. Así, y a diferencia de las concesiones sobre bienes propios o bienes nacionales de uso público que administre la municipalidad, las concesiones para la administración de establecimientos lo son sobre una universalidad jurídica y no sobre bienes específicos. A esta conclusión arribó la CGR al analizar el caso de un estadio municipal[78].

Por consiguiente, respecto de las concesiones de bienes inmuebles, ya sean bienes nacionales de uso público o municipales, que califiquen como "establecimientos", es posible sostener que deben otorgarse de acuerdo a las reglas expresamente previstas por el artículo 8° de la LOCM, y que son las siguientes: licitación pública si el monto de los derechos o prestaciones que debe pagar el concesionario es superior a cien unidades tributarias mensuales; licitación privada: si el monto es inferior a cien unidades tributarias mensuales, o bien, cuando superando dicha cuantía, concurran imprevistos urgentes u otras circunstancias debidamente calificadas por el concejo, en sesión especialmente convocada al efecto y con el voto favorable de la mayoría absoluta de los concejales en ejercicio; por último, el trato directo que tendrá lugar en caso de no presentarse interesados o si el monto de los contratos no excede de las cien unidades tributarias mensuales.

---

77 Dictamen CGR N° 80.064, de 2011.

78 *Ibid.*

2. *La regulación de las potestades de administración de bienes nacionales de uso público y bienes municipales en las ordenanzas municipales*

Además de la regulación legal, la administración de los bienes nacionales de uso público y de los bienes municipales se rige por lo establecido por cada municipalidad a través de las ordenanzas respectivas.

Las ordenanzas, de acuerdo al artículo 12 de la LOCM, son normas generales y obligatorias aplicables a la comunidad. Para su dictación requieren el acuerdo del concejo municipal, en conformidad a lo dispuesto en el artículo 65, letra l) de la LOCM. Respecto de su difusión, la CGR ha dictaminado que luego de la entrada en vigencia de la Ley N° 20.500 ya no es necesaria su publicación en el Diario Oficial, bastando que sean divulgadas en la página web institucional[79], salvo que la ley determine procedimientos especiales.

El contenido de estas ordenanzas debe respetar el principio de juridicidad y de jerarquía normativa, de modo que éstas no podrían restringir o limitar a los órganos municipales en las atribuciones que LOCM y otros cuerpos legales les hubieren conferido[80]. Tampoco podrían imponer mayores o menores exigencias que las contenidas en la legislación o en los reglamentos[81]. Sí pueden, en cambio, regular y adaptar una situación prevista de manera general en la ley a los requerimientos comunales[82]. Por último, se ha resuelto también que en sede de reclamo de ilegalidad municipal no es posible denunciar la mera infracción de ordenanzas[83].

---

79 Dictamen CGR N° 60.748, de 2011.

80 Corte Suprema, sentencia Rol N° 20.939-2018, considerando séptimo.

81 Dictamen CGR N° E240684, de 2022; Dictamen CGR N° 31.968, de 2018, y Dictamen CGR N° 86.870, de 2014, entre otros.

82 Corte Suprema, sentencia Rol N° 147.594-2022, considerando quinto a séptimo, y sentencia Rol N° 7.868-2022, considerando séptimo.

83 Corte Suprema, sentencia Rol N° 302-2022, considerando sexto.

3. Cauciones

El artículo 38 de la LOCM prevé que "las personas que contraigan obligaciones contractuales con la municipalidad por una suma no inferior a dos unidades tributarias mensuales deberán rendir caución".

Esta disposición se encuentra en el párrafo sobre el "Régimen de Bienes" comprendido en el título I de la Ley denominado "La Municipalidad". Por tanto, se debe concluir la plena aplicabilidad de la exigencia de rendir caución tratándose de concesiones relativas a bienes nacionales de uso púbico y a los bienes municipales. Esto desde que resulta posible, y sin perjuicio de las discusiones doctrinarias existentes, concluir que las concesiones se asimilan a un contrato. Y si bien esta aseveración no resulta atingente tratándose de permisos, la CGR hace extensible esta exigencia a concesiones y permisos.

En efecto, la CGR ha dictaminado que el ámbito de esta caución "está referido a las actuaciones o convenciones que celebre la municipalidad con un particular, cuyos efectos recaen sobre bienes municipales y nacionales de uso público que administra la municipalidad, bienes a que se refiere precisamente dicho párrafo, actos entre los cuales se encuentran los permisos y concesiones, como lo señala el artículo 36 de ese cuerpo legal"[84].

Es importante destacar que la CGR ha limitado la aplicación del mencionado precepto a las decisiones de la autoridad municipal que no se encuentren sujetas a la LBCASPS, por cuanto éstos últimos deben sujetarse a las normas contenidas en dicho cuerpo legal y en su reglamento (artículo 1, LBCASPS)[85]. Esto considerando que la propia LBCASPS contempla en su artículo 11 las garantías exigidas por la entidad licitante para contratar y que en desarrollo de esta disposición los artículos 121 y siguientes del Reglamento de la LBCASPS regulan las condiciones de procedencia de la garantía de fiel cumplimiento. Al respecto, se ha dictaminado que tal garantía: "guarda relación con los contratos a título oneroso que deba celebrar la municipalidad para el suministro de bienes o servicios necesarios para el desarrollo de sus funciones, aun cuando incidan en los bie-

---

84 Dictamen CGR N° E22260, de 2020; Dictamen CGR N° 12.489, de 2018, y Dictamen CGR N° 43.001, de 2008.

85 *Ibid.*

nes municipales o los nacionales de uso público que administre la municipalidad"[86]. Por consiguiente, aquellos contratos no quedan sujetos a la caución contenida en el artículo 38 de la legislación municipal sino a la garantía de fiel cumplimiento del contrato prevista en el artículo 11 de la LBCASPS y en los artículos 121 y siguientes de su Reglamento.

VII. CONCLUSIONES

1. Las municipalidades administran distintas clases de bienes. Por una parte, los bienes nacionales de uso público cuya administración no esté entregada a otro organismo público. Por otra parte, los bienes municipales de los que la municipalidad tiene el carácter de dueño. Finalmente, por elaboración jurisprudencial, le corresponden "atribuciones" o "deberes" respecto de los caminos de propiedad particular que la autoridad competente hubiese declarado como vías de acceso a playas de mar, ríos y lagos.
2. La legislación vigente —agrupada principal, aunque no únicamente, en la LOCM y en el DFL Nº 789, de 1978— establece distintos mecanismos para la adquisición del dominio de bienes nacionales como de bienes municipales, tanto de derecho público como de derecho privado.
3. Respecto de la administración de los bienes nacionales de uso público y de los bienes de propiedad municipal, la ley faculta a las municipalidades para entregar su uso y goce a través de distintos medios. El uso y goce particular de los bienes nacionales de uso público puede entregarse a través de los títulos administrativos de la concesión y el permiso, mientras que los bienes municipales, pueden ser entregados a través de mecanismos propios del derecho común y también utilizándose la técnica de autorización administrativa de concesiones y permisos. La elección entre unos u otros mecanismos depende del alcalde.

[86] Dictamen CGR Nº 12.489, de 2018.

4. De acuerdo con la jurisprudencia de la CGR, la decisión entre la concesión y el permiso compete a la discrecionalidad municipal. No obstante, se proponen algunos criterios que podrían considerarse por parte de los alcaldes, como son la superficie que se solicita; la permanencia o transitoriedad de la actividad que se desarrolla y la cuantía de la inversión. En cualquier caso, criterios de justicia material obligan, en el caso del permiso, a otorgar un tratamiento similar a propósito de su otorgamiento, renovación y término, de manera que el ejercicio discrecional de esa competencia no se traduzca en arbitrariedad de trato o desviación de fin.
5. Por otra parte, además de las técnicas de administración que consagra la LOCM, se debe considerar el criterio de la jurisprudencia administrativa y judicial, en cuanto a un supuesto deber municipal de mantener y conservar las vías de acceso a las playas.
7. Adicionalmente, todas las obligaciones contraídas con las municipalidades que superen el monto establecido por la LOCM deben contar con la correspondiente caución, a menos que sean de aquellas a las que se le aplique la LBCASPS, en cuyo caso quedarán sujetos a las reglas previstas en el artículo 11 de la LBCASPS y en su reglamento.

Las ordenanzas municipales

I. LA POTESTAD NORMATIVA DE LAS MUNICIPALIDADES

La autonomía municipal conlleva a que el ordenamiento jurídico reconozca en las municipalidades la autoridad para dictar resoluciones generales y particulares. La doctrina la ha denominado "potestad normativa"[87] o "potestad reglamentaria"[88] municipal, siendo ésta de rango constitucional y desarrollada en la legislación nacional.

Por una parte, el artículo 119 de la CPR considera como una de las atribuciones del concejo municipal el ejercicio de funciones normativas en la forma que determine la ley orgánica constitucional respectiva. Luego, la LOCM desarrolla el ejercicio de esta potestad. Así, dispone como atribución esencial de las municipalidades la dictación de resoluciones obligatorias con carácter general o particular (artículo 5, letra d) de la LOCM). Luego, señala que "las resoluciones que adopten las municipalidades se denominarán ordenanzas, reglamentos municipales, decretos alcaldicios o instrucciones" (artículo 12 de la LOCM).

La funcionalidad de la potestad normativa de las municipalidades ha sido recalcada en cuanto complemento o ejecución de la legislación nacional. La doctrina la conceptualiza como "aquella en virtud de la cual los municipios pueden dictar normas generales, obligatorias y permanentes, con el objeto de hacer ejecutar las leyes o cum-

---

87 Ramón Huidobro Salas, "La Potestad Normativa Municipal: Estudio Histórico Doctrinario Para La Reconstrucción Del Municipio Chileno", en *Derecho Administrativo, 150 Años De Doctrina*, coord. por Rolando Pantoja (Santiago: Editorial Jurídica De Chile, 2010), 193-224.

88 José Fernández Richard, *Derecho Municipal Chileno*, 2ª ed. actualizada (Santiago: Editorial Jurídica de Chile, 1997), 45. En el mismo sentido: Eduardo Cordero Quinzacara, "La potestad reglamentaria de las entidades territoriales", en: *Estudios sobre el sistema de fuentes en el derecho chileno*, ed. por Eduardo Cordero Quinzacara y Eduardo Aldunate Lizana (Santiago: Legal Publishing, 2013).

plir la función de administrar que la Constitución Política y las leyes les han asignado"[89].

En la misma línea, el Tribunal Constitucional advierte que "[d]icha potestad normativa, en algunos casos, será de ejecución; pero en otros, puede abordar asuntos locales que son propios de la gestión municipal, y en que no estará pormenorizando o detallando lo señalado en la normativa nacional"[90].

Por consiguiente, la dictación de estas resoluciones municipales hace posible a la municipalidad la adaptabilidad de la ley a la realidad y necesidades concretas de cada comuna y, en definitiva, le permite regular aquellas materias que la ley ha puesto dentro de sus competencias de manera exclusiva o compartida.

II. LAS ORDENANZAS MUNICIPALES: UNA MANIFESTACIÓN DE LA POTESTAD NORMATIVA. CONCEPTO Y CARACTERÍSTICAS

Entre las resoluciones municipales destacan las ordenanzas. La LOCM las describe como "normas generales y obligatorias aplicables a la comunidad". A continuación indica que "En ella podrán establecerse multas para los infractores, cuyo monto no excederá de cinco unidades tributarias mensuales, las que serán aplicadas por los juzgados de policía local correspondientes" (artículo 12, inciso segundo de la LOCM).

De la definición legal se desprende que las ordenanzas municipales son fuentes del Derecho. En efecto, la ley las define como normas y, en cuanto tales, son expresión de la potestad reglamentaria municipal.

Al ser generales, de acuerdo con la definición del artículo 12 de la LOCM, no identifican específicamente a individuos o casos concretos, sino que se aplican uniformemente a todas las personas que se encuentren en el territorio municipal y que, dependiendo del

---

89 Fernández Richard, *Derecho Municipal Chileno*, 45.

90 Tribunal Constitucional, sentencia Rol N° 1.669-2010, considerando cuadragésimo séptimo.

ámbito de la ordenanza, estén dentro de la categoría o supuesto definida por la misma. Con ello, las ordenanzas se diferencian de los reglamentos municipales, que atienden a materias de orden interno de la municipalidad (artículo 12, inciso tercero de la LOCM). En su aplicación, las ordenanzas rigen a las personas que viven o que se encuentran transitoriamente en el territorio municipal.

Además, en cuanto normas jurídicas, las ordenanzas son imperativas para sus destinatarios. Es por esta razón que la ley permite que las ordenanzas contengan multas para sancionar a sus infractores, que aplican los juzgados de policía local y cuyos montos no pueden exceder de cinco unidades tributarias mensuales (artículo 12, inciso segundo LOCM y artículo 13, literal b), de la Ley N° 15.231).

Con respecto a la forma que adoptan las ordenanzas, es usual que el texto que aprueba la ordenanza sea refrendado mediante un decreto alcaldicio, asumiendo éste —al estilo de los decretos supremos del Presidente de la República— la condición de "ropaje que utiliza en el mundo del derecho"[91].

1. *Las ordenanzas municipales son normas de rango infralegal*

Como corolario del principio de juridicidad, la ordenanza debe sujeción, subordinación y observancia estricta a la CPR, a las leyes y a los reglamentos que rigen una determinada materia. Esto implica que una ordenanza no puede contradecir normas legales ni reglamentarias, ni exceder el marco jurídico que ellas regulan[92], ni tampoco imponer mayores o menores exigencias que las establecidas por aquellas normas de mayor jerarquía[93].

2. *Fuentes de las ordenanzas municipales*

Las ordenanzas municipales pueden tener fuente normativa expresa o bien ser dictadas al amparo de las funciones municipales. En

---

91 Eduardo Cordero Quinzacara, "El sentido actual del dominio legal y la potestad reglamentaria". *Revista de Derecho de la Pontificia Universidad Católica de Valparaíso* XXXII (2009): 409-440. ISSN-e 0718-6851.

92 Dictamen CGR N° 33.351 de 2019.

93 Dictamen CGR N° E381858 de 2023.

el primer caso, la fuente puede encontrarse en la LOCM o bien en normas especiales.

Para ciertas materias la LOCM encomienda a las municipalidades la dictación de la respectiva ordenanza como forma de regular un asunto específico sometido a su competencia. Así ocurre, por ejemplo, con la ordenanza municipal ambiental, cuyo anteproyecto es deber de la unidad encargada de la función de medio ambiente, aseo y ornato de la municipalidad y sin perjuicio de que el concejo municipal pueda solicitar siempre un informe técnico al Ministerio del Medio Ambiente (artículo 25, letra f) de la LOCM).

De la misma manera, la LOCM prevé la dictación de una ordenanza que regule el cierre o la implementación de medidas de control de acceso a calles y pasajes, o a conjuntos habitacionales, urbanos o rurales (artículo 65 letra, r) de la LOCM, en relación con el artículo 5, letra c) de la LOCM). Asimismo, las ordenanzas de participación ciudadana también derivan del mandato expreso de la LOCM (artículo 93 LOCM).

En otros casos, la dictación de las ordenanzas municipales deviene del mandato de una ley especial. Así ocurre con la Ley de Rentas Municipales, que ordena a las municipalidades establecer por medio de ordenanzas los criterios utilizados para la determinación del cobro de derechos por el servicio municipal de extracción de residuos sólidos domiciliarios (artículo 6 de la LRM); la determinación de los derechos municipales por los servicios, concesiones o permisos cuyas tasas no estén fijadas en la ley (artículo 42 de la LRM); la tasa a cobrar por el otorgamiento de patentes municipales (arts. 24 y 42 inciso segundo de la LRM) y las actividades susceptibles de ser autorizadas mediante patentes provisorias (artículo 26 de la LRM).

Otro ejemplo es aquel previsto en la Ley N° 21.202, que "modifica diversos cuerpos legales con el objetivo de proteger los humedales urbanos", que determina que la municipalidad respectiva deberá establecer, en una ordenanza general, los criterios para la protección, conservación y preservación de los humedales presentes dentro de los límites urbanos de su comuna (artículo 2).

De la misma manera, la Ley N° 21.020, sobre tenencia responsable de mascotas y animales de compañía, impone a las municipalidades la dictación de una ordenanza sobre esta materia (artículo 7) y la Ley

Nº 21.473, "sobre publicidad visible desde caminos, vías o espacios públicos", que impuso a las municipalidades la dictación de una ordenanza local de propaganda y publicidad (artículo 3 transitorio).

También, algunas ordenanzas son dictadas en virtud de las funciones y atribuciones que les corresponden a las municipalidades, conforme a lo establecido en los artículos 3, 4 y 5 de la LOCM y otras leyes especiales. Este es el ámbito de regulación municipal que más problemas genera en la práctica, pues dice relación con el ejercicio de potestades cuyos límites en muchas ocasiones son difusos.

Por último, es relevante señalar que han existido casos en que los Tribunales Superiores de Justicia han condenado a municipalidades por su responsabilidad en no haber dictado una ordenanza[94] o en no haber fiscalizado su cumplimiento[95]. Si bien estos son casos de responsabilidad contractual —por tratarse de concesiones municipales en bienes nacionales de uso público— sería posible que una situación similar permitiera fundamentar la responsabilidad extracontractual de la municipalidad por falta de servicio, ya sea por omisión en la regulación de un determinado asunto o por el incumplimiento de la regulación que la propia municipalidad hubiere dictado.

3. Las ordenanzas municipales se circunscriben al territorio de la comuna

Los efectos de las ordenanzas se limitan al espacio geográfico de la comuna. Ello no podría ser de otra forma, pues los artículos 118 de la CPR y 1 de la LOCM delimitan el margen de acción territorial de las municipalidades a aquel espacio físico, más allá del cual no cuentan —por regla general— con ninguna competencia[96].

---

94 Corte Suprema, sentencia Rol Nº 5.042-2019. En ella se condena a la Municipalidad de Temuco por no haber dictado una ordenanza de exclusión de estacionamientos en el área circundante a donde operaba un concesionario de estacionamientos subterráneos.

95 Corte Suprema, sentencia Rol Nº 14.171-2021. En ella se condena a la Municipalidad de Iquique al haber incumplido un contrato de concesión por no fiscalizar el pago de los derechos por estacionamiento determinados en la ordenanza respectiva, ni haber realizado las denuncias al juzgado de policía local.

96 Sobre la posibilidad de actuaciones fuera de su territorio respectivo, ver Juan Andrés Encina Brevis, "La competencia extraterritorial de las municipalidades:

Las ordenanzas se aplican tanto a los habitantes y residentes de la comuna o agrupación de comunas como a aquellas personas que transiten en el territorio comunal.

En materia de participación ciudadana la Corte Suprema[97] dejó sin efecto la "Ordenanza de Participación Ciudadana en el Proceso Constitucional" de la Municipalidad de Valparaíso. En su concepto, la corporación había excedido sus facultades al regular una materia que no es posible de calificar como de interés local: "[A] través del desarrollo de una política de participación ciudadana, únicamente es posible intervenir en aquellas materias que se encuentran comprendidas dentro de las funciones y atribuciones de los gobiernos locales, en especial, aquellas de que tratan los artículos 3, 4 y 5 del DFL 1 de 2006 que fija el texto refundido coordinado y sistematizado de la Ley N° 18.695, Orgánica Constitucional de Municipalidades"[98].

A mayor abundamiento, la Corte Suprema establece una cuestión esencial en el análisis: "la autonomía normativa de los entes edilicios redunda en materias de índole meramente local", sin que pueda extenderse a asuntos, por ejemplo, de interés nacional como lo era en ese entonces el proceso constitucional.

4. *Las ordenanzas deben tratar materias que forman parte de las competencias municipales*

En general, pueden ser objeto de ordenanzas municipales todas aquellas materias que se vinculen al ámbito de competencia de las municipalidades.

El espectro es amplio, pues quedan incluidas no solo aquellas materias que se refieren a funciones exclusivas de la municipalidad dentro del ámbito de su territorio, sino, también, aquellas que derivan de funciones que la municipalidad puede desarrollar directamente o con otro órgano de la Administración del Estado. Así, las materias susceptibles de regulación por medio de ordenanzas se condicen con

---

el caso CARES", *Revista de Derecho Público* 90 (2019): 41-60, doi: 10.5354/0719-5249.2019.53994. También, el dictamen CGR N° 3.000, de 2017.

97 Corte Suprema, sentencia Rol N° 16.149-2022.

98 Corte Suprema, sentencia Rol N° 16.149-2022, considerando décimo cuarto.

el catálogo de funciones desarrollado por el legislador en los artículos 3 y 4 de la LOCM.

A modo ejemplar, son comunes aquellas que regulan el comercio en las vías públicas; los horarios y lugares de carga y descarga de vehículos en la comuna; la explotación, extracción y transporte de áridos; las ordenanzas sobre permisos y concesiones de bienes municipales y de bienes nacionales de uso público; sobre mantenimiento de cableado aéreo; sobre derechos municipales y sobre ruidos molestos, entre muchas otras.

5. Las ordenanzas municipales deben ser publicadas

De acuerdo con el inciso final del artículo 12 de la LOCM, las resoluciones municipales deberán ser publicadas en los sistemas electrónicos o digitales de que disponga la municipalidad y mantenerse a disposición del público.

La jurisprudencia administrativa de la CGR ha precisado que, a falta de disposición especial que exija una determinada forma de publicidad, bastará con la publicación de la ordenanza en la página web de la municipalidad de conformidad con el inciso final del artículo 12 de la LOCM[99]. En este sentido, de acuerdo al criterio de la CGR, no sería necesaria la publicación en el Diario Oficial.

Este criterio resulta exceptuado ante la existencia de una norma especial que exija un cierto tipo de publicidad. En este sentido, por ejemplo, el artículo 42 de la LRM admite indistintamente la publicación de la ordenanza en el Diario Oficial, en la página web de la municipalidad respectiva o en un diario regional de entre los tres de mayor circulación de la respectiva comuna. En este caso basta con cumplir con cualquiera de las tres formas de publicidad admitidas en la norma especial para entender que el acto resulta oponible a la comunidad local.

No obstante, debe reconocerse que la publicación en el Diario Oficial es un mecanismo que garantiza con un mayor grado de eficacia el oportuno conocimiento del acto normativo por la ciudadanía, que a su vez permitiría asegurar con certeza la fecha de publicación

---

99 Dictámenes CGR Ns°26.019 de 2010, y 64.338 de 2011, entre otros.

del acto y el que satisface el mandato del artículo 48 de la LBPA que ordena publicar en el Diario Oficial los actos que contengan normas de general aplicación o que miren al interés general.

Lo anterior, no obsta al cumplimiento de la obligación de la municipalidad de mantener las ordenanzas a disposición permanente de la ciudadanía en los sistemas electrónicos o digitales de que disponga la municipalidad, en cumplimiento del mandato del artículo 12 de la LOCM, sin que ello pueda interpretarse como una regla distinta de entrada en vigencia del acto administrativo[100].

6. *Por regla general, las ordenanzas municipales rigen desde la fecha de publicación y tienen efectos indefinidos en el tiempo*

Las ordenanzas comienzan a regir en el tiempo en que ellas dispongan. En caso de que la ordenanza no contenga reglas precisas sobre su entrada en vigencia, la misma comenzará a regir a la fecha de su publicación, en el sitio web municipal.

Tratándose de las ordenanzas a que se refiere el artículo 42 de la Ley de Rentas Municipales, su publicación deberá hacerse en el mes de octubre del año anterior a aquel en que comience a regir, salvo que se trate del cobro de derechos por servicios nuevos. En este último caso, la ordenanza podrá publicarse en cualquier época, comenzando a regir el primer día del mes siguiente al de su publicación.

Por otra parte, las ordenanzas municipales tienen efectos indeterminados en el tiempo, es decir, no están afectas a un límite temporal para su vigencia, salvo que en ellas se disponga lo contrario, como ocurre por ejemplo con una ordenanza que regula la administración de un sector de la comuna en un determinado período del año[101].

---

100 Lo anterior es congruente además con el hecho de que esa norma fue incorporada al texto de la LOCM por el artículo Cuarto N° 1 de la Ley N° 20.285, sobre acceso a la información pública.

101 Como ocurre con la Municipalidad de Frutillar y la Ordenanza sobre Administración Territorial Temporada de Verano e Invierno, aprobada mediante Decreto N° 1953 del año 2020.

III. LÍMITES DE LAS ORDENANZAS

Las ordenanzas municipales se encuentran sujetas a límites cuya finalidad es garantizar su adecuación con las demás fuentes normativas de mayor jerarquía que integran el ordenamiento jurídico.

Como lo ha resuelto la Excma. Corte Suprema "[S]i bien es efectivo que los municipios constituyen corporaciones autónomas, tal autogestión no resulta ser absoluta, en vista de que se encuentra sujeta a las limitaciones propias del principio de legalidad, acorde con el cual como todo órgano de la Administración del Estado, sus acciones están sujetas tanto a la Carta Fundamental como a la normativa que de ella deriva, debiendo circunscribir su actuación dentro de los límites de sus atribuciones y funciones, a fin de satisfacer de manera eficiente las necesidades públicas a su cargo"[102].

Para asegurar lo anterior, el ordenamiento nacional contempla límites tanto formales como materiales a la actividad normativa municipal.

1. Límites formales

Las ordenanzas están sujetas a límites formales, que determinan la manera en que han de ser aprobadas y cómo es que deben ser puestas en conocimiento de la ciudadanía.

a. La dictación de ordenanzas municipales requiere acuerdo del concejo municipal

La dictación de ordenanzas municipales es una de las materias en las que el alcalde requiere acuerdo del concejo municipal (artículo 65 letra l) de la LOCM).

Este acuerdo debe adoptarse por la mayoría absoluta de los concejales asistentes a la sesión respectiva (artículo 86 de la LOCM). El rol del concejo municipal en esta materia debe limitarse únicamente a aprobar o rechazar la ordenanza propuesta, mas no pueden introducir modificaciones a aquello que se somete a su aprobación.

---

[102] Corte Suprema, sentencia Rol N° 16.149-2022, considerando duodécimo.

Evidentemente, la ausencia del acuerdo del concejo municipal, en cuanto requisito establecido por el legislador para la validez de la ordenanza, sólo puede traer como consecuencia la antijuridicidad formal de la regulación, que podrá ser declarada por las vías administrativas y judiciales que establece el ordenamiento jurídico.

b. Publicidad

Como se señaló, las ordenanzas deben publicarse, de acuerdo al criterio de la CGR, en la página web institucional. La ausencia de esta publicación afecta la validez de la ordenanza.

2. Límites materiales

Por ser las ordenanzas fuente infra legal del Derecho, deben ajustarse a las normas jerárquicamente superiores. Se trata de una exigencia derivada del principio de juridicidad.

a. Primacía del texto constitucional y de la ley

Si bien la ley es la fuente primigenia del Derecho en el sistema chileno, no es la única. Como señala la Corte Suprema, entender que la reglamentación de un asunto corresponde de manera privativa y excluyente a la ley "implicaría restar eficacia a las Ordenanzas Municipales y, en definitiva, a la competencia reguladora de la entidad edilicia para disponer y darle un sentido y alcance a normas jurídicas dictadas precisamente para regular aspectos específicos de la comuna"[103].

Existe así un ámbito propio de la regulación municipal que, por la vía de las ordenanzas permite normar aspectos de interés local en el ámbito territorial de cada comuna. Esta regulación siempre debe ajustarse materialmente a la ley, pudiendo estatuirse en su complemento.

Como ha señalado la CGR, en el ejercicio de la potestad municipal para dictar ordenanzas, las municipalidades "deben sujetarse

---

103 Corte Suprema, sentencia Rol N° 147.594-2022, considerando octavo.

de manera estricta al marco fijado por el ordenamiento jurídico en relación con la respectiva materia, no pudiendo imponer menores o mayores exigencias que las previstas en las leyes y reglamentos pertinentes, conforme al principio de juridicidad"[104].

La Corte Suprema ha resuelto que las normas especiales de una ordenanza municipal son aplicables para regular y adaptar una situación general prevista por la ley a los requerimientos urbanístico-ambientales comunales. En el caso particular, concluye sobre la inexistencia de un conflicto de atribuciones entre el legislador y la municipalidad, tratándose más bien de un asunto de fuente o generación de normas que en lo fundamental, son complementarias de la planificación territorial[105].

Por otra parte, la Corte Suprema ha validado la legalidad de ordenanzas de áridos acudiendo a un criterio más bien extensivo: la posibilidad de regular la extracción de áridos no emanaría de la facultad de cobrar derechos por la explotación —consagrada en la Ley de Rentas Municipales—, sino de las amplias facultades que el artículo 5 de la LOCM entrega respecto de la protección del medio ambiente. Así, por ejemplo, se ha resuelto que "[H]a sido el legislador quien ha otorgado a los entes edilicios la autoridad necesaria para dictar ordenanzas y otros instrumentos normativos destinados al cumplimiento de sus funciones, dentro de las cuales se encuentran aquellas relativas a la regulación y fiscalización de áridos y la recuperación de estos terrenos, en tanto se trata de materias que dicen relación con la protección de la salud pública y del derecho a vivir en un medio ambiente libre de contaminación"[106].

De otro lado, la CGR ha dictaminado que no es lícito limitar o restringir el derecho constitucional a la libertad personal mediante una ordenanza municipal. En particular, al revisar la "Ordenanza de Promoción de los derechos de los niños, niñas y adolescentes, la prevención de vulneraciones de derechos y la protección general de los

---

104 Dictamen CGR 31.968, de 2018. En el mismo sentido: Ns° 15.737, de 2000; 54.966, de 2013; 86.870, de 2014; y E240684, de 2022.

105 Corte Suprema, sentencia Rol N° 147.594-2022, considerando sexto.

106 Corte Suprema, sentencia Rol N° 121.785-2022, considerando séptimo. En el mismo sentido, Corte Suprema, sentencia Rol N° 21-2023 considerando undécimo.

mismos en la comuna de Zapallar" —normativa que sancionaba a los padres cuyos hijos menores de dieciocho años circularan por la vía pública entre las 00:00 y. las 05:00 horas— la CGR[107] estableció que la Municipalidad excedió las facultades entregadas por el legislador y con ello se infringió el principio de juridicidad, toda vez que en virtud de la CPR, sólo la ley puede restringir la libertad ambulatoria de los habitantes de la República.

En otro orden de cosas, la Corte Suprema ha señalado que cuando existe un "espacio de autonomía" decisional del individuo, mas no un derecho, entonces las medidas que tiendan a restringirlo o limitarlo pueden tener su fuente no sólo en la ley —lo que sería propio de las limitaciones de derechos—, sino también en normas reglamentarias, de lo que se sigue que las municipalidades sí podrían regular mediante ordenanzas la constricción de dicha autonomía. En el caso concreto, el Máximo Tribunal determinó que la ordenanza municipal de Las Condes que prohibía fumar en bienes nacionales de uso público con una cabida menor a 10.000 metros cuadrados, se ajustaba a derecho, por cuanto "[L]as razones expresadas por el municipio en la ordenanza misma y que llevaron a su dictación, no expresan sino el ejercicio de las facultades detalladas en el motivo precedente, esto es, la administración de los bienes nacionales de uso público que se emplazan en el territorio municipal, en virtud de la cual se proponen medidas tendientes al resguardo de la conservación del medio ambiente y salud de la comunidad local"[108].

En materia de promoción de la igualdad entre hombres y mujeres y de administración de bienes nacionales de uso público, la CGR ha dictaminado que las municipalidades sí pueden regular por ordenanza el acoso callejero y determinar multas para el caso de contravención, aunque dicha regulación es sin perjuicio de la ley penal que sancione estas conductas. Dado lo anterior, en caso de que la municipalidad llegara a la convicción de que un hecho determinado presenta caracteres de delito, se encontraría en el imperativo de tener que denunciarlo al Ministerio Público[109].

---

107 Dictamen CGR N° 485, de 2023.

108 Corte Suprema, sentencia Rol N° 18.721-2019, considerando décimo.

109 Dictámenes CGR N° 21.232 y 32.877, ambos de 2019.

Se ha dictaminado que las municipalidades no pueden proscribir mediante normas generales y obligatorias a la comunidad local que se alimente o se brinde cuidados básicos a los animales, pues se trata de un hecho permitido por la ley[110]. La ordenanza que lo prohíbe infringe el principio de legalidad[111].

Asimismo, a propósito del rodeo, la jurisprudencia de la CGR ha establecido que las municipalidades no pueden prohibir la práctica de un deporte que la propia ley reconoce, pues tal prohibición constituiría una discriminación arbitraria y contravendría el principio de juridicidad[112].

También es posible destacar los intentos de regular mediante una ordenanza la circulación de embarcaciones motorizadas en cuerpos de aguas detenidos de las comunas de Quillón y de Panguipulli.

En el caso de Quillón, la Municipalidad dispuso la prohibición de tránsito de embarcaciones y vehículos acuáticos propulsados por motores de combustión en base a hidrocarburos, o por cualquier motor cuya potencia sobrepasara los 9,9 caballos de fuerza, en la Laguna Avendaño. El propósito declarado de dicha regulación consistió en proteger el ecosistema de ese cuerpo de agua, su flora y su fauna e, indirectamente, la salud de la población.

La Corte Suprema —conociendo de la apelación presentada por la Municipalidad de Quillón en contra de la sentencia de la Corte de Apelaciones de Chillán, que había dejado sin efecto la ordenanza en sede de protección— determinó que la norma cuestionada se ajustaba completamente a la legalidad vigente, pues había sido dictada por la municipalidad en ejercicio de sus competencias legalmente atribuidas, con un fin público, y con una sólida base técnica. Respecto de la Laguna Avendaño la Corte Suprema relevó el hecho de que la ordenanza se había dictado "con una sólida base técnica, manifestada por los informes y presentaciones científicas de expertos en la materia y la normativa contemporánea sobre protección del medio ambiente"[113].

---

110 Ley N° 21.020, sobre tenencia responsable de mascotas y animales de compañía.

111 Dictamen CGR N° 20.435, de 2019.

112 Dictamen CGR N° 10.191, de 2018.

113 Corte Suprema, sentencia Rol N° 18.955-2021, considerando décimo primero.

Por lo mismo, la medida dispuesta se consideró proporcionada, por permitir "[E]stablecer la idoneidad de la medida resuelta para alcanzar el fin perseguido, esto es, una mayor protección de los ecosistemas naturales del bien nacional de uso público denominado Laguna Avendaño de Quillón en aras del principio de Desarrollo Sustentable, que armoniza tal protección ambiental con el progreso económico respetuoso de la sustentabilidad de los ecosistemas, compatibilizándolo con su rol como centro recreacional turístico"[114].

Distinta fue la situación de la Municipalidad de Panguipulli, cuyo concejo municipal aprobó el texto de una ordenanza que prohibía el desembarco, circulación y navegación de embarcaciones y vehículos motorizados en base a hidrocarburos, en los lagos Calafquén, Pellaifa y Pullinque. En primer lugar, en el caso de la comuna de Panguipulli lo que se impugnó no fue el texto de una ordenanza ya dictada y refrendada por el alcalde, sino el acuerdo del concejo municipal que rechazó dejar sin efecto otro acuerdo suyo, que había aprobado el texto. De esto se sigue que resultaría posible, a juicio de la Corte Suprema, impugnar la legalidad o razonabilidad del acuerdo de concejo requerido para aprobar la ordenanza, concierto que no posee la naturaleza de acto administrativo[115] y que, además, consiste en un trámite dentro del procedimiento de normación municipal.

La Corte Suprema declaró la ilegalidad del acuerdo, pues a diferencia de la ordenanza de la Municipalidad de Quillón, en Panguipulli "[L]a Autoridad Comunal no consideró ningún informe o recomendación de especialistas que demuestre la ocurrencia de fenómenos nocivos a causa de la utilización de las embarcaciones cuyo tránsito se inhibe, fundamentalmente, para el ecosistema acuático y la pérdida de especies de fauna nativa u otros efectos se similar envergadura, de tal suerte que la medida de prohibir temporalmente la circulación de vehículos acuáticos motorizados como los descritos en la Ordenanza impugnada en autos aparece desprovista de

114 Corte Suprema, sentencia Rol N° 18.955-2021, considerando décimo tercero.

115 En efecto, el artículo 3 de la LBPA no trata al acuerdo de los órganos administrativos colegiados como un acto administrativo. Además, dispone expresamente que dichos pactos han de llevarse a la práctica mediante resolución de la autoridad ejecutiva respectiva.

fundamento"[116]. Por eso, se consideró que la referida regulación de los lagos Calafquén, Pellaifa y Pullinque era arbitraria, desde que carecía de una base técnica que justificara la medida aplicada.

En definitiva, la primacía del texto constitucional y legal constituye un límite de máxima relevancia a la actividad normativa municipal. Así lo demuestra la abundante jurisprudencia pronunciada con motivo de la impugnación de ordenanzas municipales.

b. Competencias de otros órganos

Al compartir las municipalidades algunas de sus competencias con otros órganos de la Administración del Estado, se torna especialmente sensible la posible interferencia municipal vía ordenanzas en el ámbito competencial de otros órganos administrativos.

El límite a la potestad normativa municipal está determinado fundamentalmente por el principio de legalidad: la municipalidad no puede extender su potestad a otras materias que aquellas para las que es competente, ni extralimitarse en términos de la extensión del desarrollo regulador, pasando a invadir las facultades de otro órgano administrativo[117].

El problema consiste en determinar cuándo la regulación de una ordenanza se inmiscuye en las competencias de otro órgano público, cuestión que ha sido resuelta casuísticamente por la jurisprudencia, tanto administrativa como judicial.

Así, por ejemplo, respecto a la complementariedad de la ordenanza con otras regulaciones sectoriales, la Corte Suprema ha resuelto, en materia de áridos, que las municipalidades pueden exigir la obtención de una Resolución de Calificación Ambiental favorable, sin que

---

116 Corte Suprema, sentencia Rol N° 7.868-2022, considerando noveno.

117 Como señala el profesor Vergara, "el límite natural y jurídico a la potestad ordenadora de los municipios siempre será sus propias competencias asignadas por la Constitución y la ley; lo que, al mismo tiempo fija un *límite máximo, no pudiendo invadir competencias otorgadas por la Constitución o la ley a otros órganos del Estado*". En Alejandro Vergara Blanco et al., "Ordenanzas municipales: límites, legitimidad democrática, problemas y propuestas. Estudio de caso: aguas, bienes de uso público y sanciones", en *Propuestas para Chile Concurso Políticas Públicas 2016*: 203-242, ISBN: 978-956-14-2053-3.

ello signifique atribuirse competencias propias del Servicio de Evaluación Ambiental, pues "el imperativo impuesto se satisface allegando la misma documentación que se presentó en su oportunidad"[118].

En otro orden de cosas, revocando la sentencia de primer grado (aunque con un voto de disidencia), la Corte Suprema señaló que la ordenanza de la comuna de Curepto que regulaba la actividad apícola en la comuna no se inmiscuía en las competencias del Servicio Agrícola y Ganadero, desde que no puede imputarse ilegalidad a la actuación local que, frente a la inactividad del servicio público nacional, regula un determinado ámbito que se encuentra dentro de sus competencias[119]. La regla que prevalece es considerar que "[L]a Administración del Estado se organiza de diferentes formas para cumplir con sus objetivos y funciones en un plano nacional, regional, provincial y comunal, reconociendo en esta última órbita la competencia de las Municipalidades de manera general para preocuparse de la salud de la población, por lo cual los entes municipales no están privados de las competencias que puedan tener otras autoridades a nivel nacional"[120].

Así, lo relevante para discernir un eventual conflicto de competencias pasa por analizar las facultades, pero también por analizar el cumplimiento de la finalidad pública.

También resulta relevante el rol del principio de coordinación, consagrado a nivel constitucional (aartículo 118, inc. 8 y artículo 123 de la CPR) y legal (en el artículo 5 de la LOCBGAE, en el artículo 10 de la LOCM y en el artículo 63, letras k) y l) de la LOCM). De acuerdo al mismo, los órganos administrativos deben actuar coordinadamente y propender a la unidad de acción, evitando la duplicación o interferencia de funciones.

En consecuencia, cuando una municipalidad se encuentre en proceso de confección y redacción de una ordenanza que tuviere efectos en el ámbito de competencias de otro órgano administrativo, debería solicitar informe, en los términos del artículo 37 bis de la LBPA. Con esto se lograrán dos objetivos fundamentales para la la-

---

118 Corte Suprema, sentencia Rol N° SCS 21-2023, considerando décimo tercero.

119 Corte Suprema, sentencia rol N° 8.821-2019, considerando cuarto.

120 Corte Suprema, sentencia Rol N° 8.821-2019, considerando tercero.

bor municipal. Por una parte, asegurar la fundamentación técnica de las decisiones reguladoras que adopte, informadas por el organismo sectorial. Además, habría construido un argumento en caso de tener que discutir —eventualmente— la legalidad de la ordenanza, desde que se habría despejado cualquier invasión en las competencias de otro organismo, al menos de aquellos que emitieron informe, en la fase de creación de la ordenanza.

Por último, es usual que las ordenanzas determinen que sus normas pueden ser fiscalizadas y sancionadas por funcionarios de otros organismos públicos (Carabineros de Chile, funcionarios de la Corporación Nacional Forestal, de la Superintendencia del Medio Ambiente, etc.). Ello es posible en la medida de que se trate de funcionarios que reúnan la característica de ser "Inspectores Fiscales"[121] y siempre considerando que la fuente de esa competencia fiscalizadora no viene dada por la ordenanza misma, sino por la ley.

c. Sanciones

En virtud del artículo 12 de la LOCM, las ordenanzas pueden dar lugar a infracciones, las que serán conocidas y sancionadas por los Juzgados de Policía Local respectivos con multas que no podrán superar las cinco unidades tributarias mensuales.

Esta facultad de imponer sanciones se puede vincular con el artículo 501 del Código Penal, que dispone que "En las ordenanzas municipales y en los reglamentos generales o particulares que dictare en lo sucesivo la autoridad administrativa no se establecerán mayores penas que las señaladas en este libro, aun cuando hayan de imponerse en virtud de atribuciones gubernativas, a no ser que se determine otra cosa por leyes especiales".

De la norma citada se siguen dos cuestiones. Primero, que la única sanción posible de ser considerada y creada en una ordenanza es la de multa, resultando en consecuencia contrario a derecho que la regulación determine otras formas de penalidad (suspensión de los efectos de autorizaciones administrativas, comiso, revocación

[121] Artículo 3 de la Ley N° 18.287, en relación al artículo 13, literal b) de la Ley N° 15.231.

sanción, etc.)[122]. La segunda, que las infracciones a las ordenanzas deben ser denunciadas a los Juzgados de Policía Local, sin que la sanción pueda ser aplicada directamente por la municipalidad.

Por otra parte, ha resuelto la CGR que "resulta improcedente que las municipalidades, por intermedio de una ordenanza local, impongan para ciertas conductas o ilícitos, por vía reglamentaria, una pena distinta o accesoria a la misma no previstas por el legislador"[123]. Tampoco es posible conmutar sanciones que el legislador no contemple[124].

Lo anterior es sin perjuicio de la vinculación existente entre cuerpos normativos que establecen sanciones y el rol de los juzgados de policía local. En este sentido, una ordenanza municipal podría hacer referencia a multas superiores a cinco unidades tributarias mensuales si ello emana de una norma legal. Por cierto, en este caso la ordenanza no es la fuente de la multa, pero sí puede contribuir a su publicidad y desarrollo.

IV. CONTROL DE LAS ORDENANZAS

La ciudadanía puede participar del control a las ordenanzas, a través de dos vías: por la participación en la gestación y discusión del texto mismo de la ordenanza, en ejercicio del derecho de petición (artículo 19 N° 14 de la CPR) y de participación en las decisiones públicas (artículos 69 y siguientes de la LOCBGAE), o bien, *ex post* mediante la reclamación y el contencioso administrativo[125].

---

122 Salvo, por cierto, que la ley considere expresamente otra sanción para la infracción, como el comiso de las especies objeto de comercio ilegal, en la Ley N° 21.426.

123 Dictamen CGR N° 21.232, de 2019.

124 Dictamen CGR N° 21.232, de 2019.

125 Sobre esto último, si lo que se impugna es que un acto concreto se aparta de la regulación dada por la municipalidad, se ha resuelto que no es posible sustentar el reclamo de ilegalidad en la infracción de la norma reglamentaria (ordenanza), sino únicamente en la ley (Corte de Apelaciones de Santiago, sentencia Rol Contencioso Administrativo-302-2022, considerando sexto). Por ello es que resulta importante, si existe un acto concreto que se aparta de la ordenanza, fundamentar que se produce una infracción a una norma o principio legal, que

Sobre lo último, el legislador contempla expresamente la posibilidad de reclamar contra “resoluciones” que “afecten el interés general de la comuna”, categoría dentro de la cual obviamente ingresan las ordenanzas municipales.

Si bien es cierto que la norma (artículo 151 de la LOCM) determina que “cualquier” particular puede deducir el reclamo de ilegalidad, la jurisprudencia de la Corte Suprema ha restringido esa posibilidad en ciertos casos[126], determinando que no se trata de una acción popular y que, por ende, no basta el interés en la mera legalidad de la actuación municipal, sino que es necesario al menos formar parte de la comunidad local, siendo éste el mínimo interés necesario para reclamar de ilegalidad.

V. CONCLUSIONES

1. Las ordenanzas municipales son normas generales y obligatorias aplicables a la comunidad. Tienen fundamento en la CPR (artículo 119) y en la LOCM (artículos 5 letra d) y 12).
2. Al ser generales, las ordenanzas se aplican uniformemente a todas las personas que estando dentro de los supuestos de su aplicación vivan o se encuentren transitoriamente en el territorio de la comuna. Así, sus efectos se circunscriben al territorio comunal. A su vez, su carácter obligatorio da cuenta de que las ordenanzas son normas jurídicas, imperativas para sus destinatarios.
3. Las ordenanzas municipales pueden tener fuente normativa expresa, ya sea por mandato de la LOCM o de otra ley. También, las ordenanzas pueden ser dictadas en virtud de las funciones y atribuciones que les corresponden a las municipalidades.

---

bien podría hacerse consistir en la vulneración del principio de la inderogabilidad singular del reglamento.

126 A propósito de una modificación al plan regulador comunal de Renca: Corte Suprema, sentencia Rol N° 39.015-2023, considerando décimo séptimo.

4. La dictación de las ordenanzas municipales requiere de acuerdo del concejo municipal, que debe ser adoptado por la mayoría absoluta de los concejales asistentes a la sesión respectiva. La labor del concejo municipal en este ámbito se circunscribe a dar su aprobación o rechazo al texto de la ordenanza, sin poder introducir modificaciones a aquello que se somete a su aprobación.
5. Las ordenanzas municipales deben ser publicadas en los sistemas electrónicos o digitales de que disponga la municipalidad y mantenerse a disposición del público. Por regla general, rigen desde la fecha de su publicación y tienen efectos indefinidos en el tiempo. En principio, no requieren ser publicadas en el Diario Oficial, salvo que exista una norma especial que exija este mecanismo.
6. Las materias que pueden ser objeto de ordenanza municipal se condicen con las funciones que las municipalidades pueden desarrollar, ya sea directamente o con otros órganos de la Administración del Estado. Las municipalidades no pueden extender su potestad respecto de aquellas materias para las cuales no son competentes ni invadir facultades de otros órganos administrativos.
7. Cuando una municipalidad se encuentre en proceso de elaboración de una ordenanza que ataña al ámbito de competencia de otro órgano debe remitirle todos los antecedentes y requerir de éste un informe para efectos de evitar o precaver cualquier conflicto de competencia, en los términos del artículo 37 bis de la LBPA.
8. En cuanto normas de rango infra legal, las ordenanzas deben sujeción y observancia a la CPR, a las leyes y a los reglamentos. En este sentido, queda vedado a las ordenanzas la imposición de exigencias más gravosas que las establecidas en las leyes y reglamentos. De la misma manera, una ordenanza no puede prohibir un hecho permitido expresamente por las leyes ni limitar derechos constitucionales.
9. Las ordenanzas municipales pueden ser impugnadas, preferiblemente, a través del reclamo de ilegalidad municipal del artículo 151 de la LOCM. No obstante, no siendo esta recla-

mación una acción popular es necesario al menos formar parte de la comunidad local para poder reclamar su ilegalidad.

10. Las ordenanzas pueden establecer infracciones y sanciones ante el incumplimiento de sus disposiciones. La única sanción posible a la infracción de ordenanzas municipales es la multa y ésta no puede superar las cinco unidades tributarias mensuales. Su aplicación les corresponde a los juzgados de policía local respectivos.

Control municipal: mecanismos administrativos internos y externos

I. ASPECTOS FUNDAMENTALES DE LA AUTONOMÍA MUNICIPAL Y MECANISMOS DE CONTROL

Las municipalidades desempeñan una tarea fundamental en la administración y prestación de servicios a las comunidades[127]. Para el cumplimiento de su cometido el ordenamiento jurídico les garantiza autonomía, tanto a nivel constitucional (artículo 118 de la CPR) como legal (artículo 1 de la LOCM). Esta autonomía implica la protección del núcleo esencial de sus competencias frente a la actividad del legislador, que no podría desconocerlas. Asimismo, supone la no interferencia de la administración central en el ejercicio de las atribuciones municipales.

Son expresiones de aquella autonomía, en primer lugar, el mecanismo democrático para el nombramiento de las principales autoridades municipales y las exigencias que habilitan a su remoción. En efecto, los alcaldes y concejales son electos por votación popular (artículos 57 y 72 de la LOCM) y para destituirlos también existen normas expresas. Así, por ejemplo, para remover al alcalde de su cargo es necesaria la declaración por parte del Tribunal Electoral Regional correspondiente del impedimento grave, la contravención de igual carácter a las normas sobre probidad administrativa o el notable abandono de sus deberes. Todo esto, a requerimiento de a lo menos un tercio de los concejales en ejercicio (artículo 60 letra c), de la LOCM).

En segundo lugar, es expresión de su autonomía el reconocimiento de la potestad normativa municipal, en el artículo 12 de la LOCM,

---

127 Destacando los alcances de la autonomía municipal la doctrina ha señalado que "la municipalidad es un órgano que goza de una capacidad de gobernarse sin parangón, ya que maneja fondos, toma decisiones, crea relaciones con otros entes y les da término, todo lo cual constituye un poder considerable y que, sin duda, puede influir en la vida diaria de la comunidad", en: Cea Egaña, *Derecho Constitucional Chileno. Tomo IV, Volumen 4.* (Santiago: Ediciones UC, 2013), 211.

que habilita a las municipalidades a la dictación de resoluciones de carácter general (ordenanzas y reglamentos municipales) o particular (decretos alcaldicios e instrucciones), sin requerir de la posterior validación por parte de otro órgano. Según dispone el artículo 53 de la LOCM, las resoluciones municipales —instrucciones, decretos, reglamentos y ordenanzas— están exentas del trámite de toma de razón[128], pero deben registrarse ante la CGR cuando afecten a funcionarios municipales[129].

En tercer lugar, la facultad de establecer multas a aquellos que infrinjan el mandato contenido en las ordenanzas (artículo 12 LOCM), es también una consecuencia de la autonomía que el ordenamiento jurídico reconoce en las municipalidades. Estas multas se aplican por los Juzgados de Policía Local.

En cuarto lugar, los instrumentos de gestión municipal reconocidos en el artículo 6 de la LOCM dan cuenta de la capacidad innovadora de la municipalidad, en cuanto constituyen herramientas para la satisfacción de las necesidades de la comunidad local y la promoción en el progreso social, económico y cultural de la comuna.

Finalmente, el artículo 14 de la LOCM garantiza que las municipalidades "gozarán de autonomía en la administración de sus finanzas"[130]. Dado lo anterior, las municipalidades tienen dentro de sus atribuciones esenciales la elaboración, aprobación, modificación y ejecución de su presupuesto (artículo 5, letra b) de la LOCM). Por su parte, le corresponde al alcalde la administración de los recursos financieros de la municipalidad (artículo 63, letra e) de la LOCM), no obstante, la participación del Concejo Municipal en una parte importante de dichas decisiones.

Sin perjuicio de las amplias finalidades y competencias que el ordenamiento jurídico reconoce a las municipalidades, las exigencias

---

128 Aunque existen excepciones, como el reglamento que fije o modifique la planta del personal (art. 49 bis de la LOCM) y las bases de licitación y las adjudicaciones del servicio de recolección de residuos sólidos domiciliarios (art. 6, inciso segundo de la LBCASPS).

129 Cuestión que se realiza, en la práctica, en el Sistema de Información y Control del Personal de la Administración del Estado (SIAPER).

130 Dictámenes CGR N° s. 15.324, de 1991, 5.633, de 2005, 62.019 de 2008 y 5.500 de 2016.

propias de un Estado de Derecho imponen reconocer limitaciones y matices a aquella autonomía "para que se auto regulen dentro del marco de la función y las atribuciones que les fijan la Constitución y las leyes"[131].

Estas limitaciones están dadas por el principio de juridicidad, que exige a las municipalidades —en cuanto órganos de la Administración del Estado— la sujeción integral a derecho, esto es, el sometimiento de su acción a la CPR y a las normas dictadas conforme a ella (artículos 6 y 7 de la CPR y artículo 2 de la LBGAE). Dado lo anterior, constituyen un límite a las actuaciones municipales las competencias legales y constitucionales de otros órganos. Esto último resulta sumamente relevante considerando que existan facultades compartidas entre las municipalidades y otros órganos de la Administración del Estado (artículo 4 de la LOCM).

Para hacer efectivas estas limitaciones, el ordenamiento jurídico dispone un sistema de control de la actividad municipal, tanto interno como externo y tanto administrativo como judicial.

Este capítulo se centrará en el control administrativo, concebido como "aquel que se manifiesta a través del actuar de órganos internos y externos"[132]. El control interno es aquel que compete a la propia municipalidad. Así, existe control al interior de las municipalidades a través de las actuaciones del alcalde, del concejo municipal y cada una de las unidades municipales dentro del ámbito de sus competencias, teniendo especial relevancia la dirección de control municipal[133]. El control administrativo externo, por su parte, es llevado adelante por la CGR, principalmente por medio de la potestad de emitir dictámenes, la realización de auditorías y su labor en la determinación de la responsabilidad municipal. También, el control

---

131 Tribunal Constitucional, sentencia Rol N° 1.669-2012, considerando décimo octavo.

132 Silva Cimma, *Derecho Administrativo Chileno y Comparado. El Control Público.* (Santiago: Editorial Jurídica de Chile, 1994), 42.

133 Se trata de un funcionario que no es de exclusiva confianza del alcalde y que tiene funciones tan relevantes como suscribir el acta de término del mandato de un alcalde, en conjunto con el secretario municipal, donde se debe consignar la información consolidada de su período alcaldicio, así como de los contratos y concesiones vigentes (artículo 67 letra l) de la LOCM).

externo es ejercido por los tribunales de justicia, lo que será desarrollado en el capítulo siguiente.

II. EL CONTROL ADMINISTRATIVO INTERNO

1. Alcalde

El primer órgano que ejerce control interno en la municipalidad es el alcalde, quien es la máxima autoridad municipal (artículo 2° de la LOCM). Dentro de las funciones que de forma exclusiva le competen y que tienen especial vinculación con el control municipal destaca la propuesta al concejo de la organización interna de la municipalidad, la provisión de cargos municipales y la remoción de funcionarios municipales junto a la imposición de medidas disciplinarias, además de contar con atribuciones que puede ejercer en algunos casos de manera individual y en otros casos con aprobación del concejo municipal.

a. Propuesta al concejo de la organización interna de la municipalidad

Una de las atribuciones del alcalde es la dictación de resoluciones obligatorias con carácter general o particular (artículo 63, letra i) de la LOCM). Dentro de éstas, el alcalde tiene a su cargo proponer al concejo la organización interna de la municipalidad, así como las funciones específicas que se asignen a las unidades respectivas (artículo 31 de la LOCM). Éstas deben ser reguladas por medio de un reglamento municipal, que, en todo caso, deberá ser aprobado por el concejo. De esta manera, puede apreciarse que el alcalde tiene la iniciativa en la elaboración del reglamento de organización interna.

b. Provisión de cargos

En cuanto a la provisión de cargos, es realizada por el alcalde mediante nombramiento o ascenso (artículo 13 de la LOCM, en relación a las normas respectivas del EAFM) y su importancia radica en que le permite determinar quiénes son las personas que ocupan posiciones dentro de la organización municipal. A ello se suma el nombramiento de los cargos directivos de exclusiva confianza[134].

c. Responsabilidad administrativa de los funcionarios municipales

De acuerdo con el artículo 118 del EAFM, y siguiendo la regla general en materia de función pública, el funcionario "que infringiere sus obligaciones o deberes podrá ser objeto de anotaciones de demérito en su hoja de vida o bien de medidas disciplinarias". Su aplicación debe ir precedida de una investigación o sumario administrativo.

El inicio de la investigación y del sumario administrativo es decretado por el alcalde, ya sea en casos señalados por la ley[135] o cuando se estime que existen hechos que podrían ser sancionados con una medida disciplinaria.

La investigación sumaria es un procedimiento breve —de duración máxima de cinco días—, fundamentalmente verbal, destinado a verificar la existencia de hechos que constituyen infracción administrativa, individualizar a los responsables y determinar cuál es el grado de participación en los hechos investigados. Se aplica generalmente respecto de hechos de menor importancia, toda vez que ésta no podría conducir como resultado a la destitución, salvo en el caso de atrasos e inasistencias reiteradas e injustificadas.

El sumario administrativo puede llevarse a cabo en dos situaciones. La primera, cuando el alcalde considera que los hechos, en abstracto, tienen la gravedad suficiente como para requerir la instrucción de un sumario administrativo, y así lo dispone mediante decreto. La segunda, cuando durante el desarrollo de una in-

---

134 Son cargos directivos de exclusiva confianza del alcalde (art. 47 LOCM) el Secretario Comunal de Planificación (SECPLAN o SERPLAC, en la jerga municipal), el Director de la Unidad o Dirección de Asesoría Jurídica, el Director de Desarrollo Comunitario, el Administrador Municipal y las personas que se desempeñen como titulares en cargos que impliquen dirigir las unidades de salud, educación, y demás incorporados a su gestión.

135 Por ejemplo, la destitución por atrasos o ausencias reiteradas e injustificadas, según lo establecido en el artículo 69 inciso final de la LOCM.

vestigación sumaria se constate que los hechos revisten una mayor gravedad.

Las medidas disciplinarias de que pueden ser objeto los funcionarios municipales son la censura[136], la multa[137], la suspensión del empleo desde treinta días a tres meses[138] (artículo 120 EAPFM) y la destitución[139]. La medida disciplinaria a imponer se determinará en

136 La censura es una reprensión escrita al funcionario que se registra en su hoja de vida con un demérito de dos puntos en la calificación correspondiente (art. 121 del EAFM).

137 La multa al funcionario municipal conlleva a la privación de un porcentaje de su remuneración mensual, entre el 5% y el 20%. El funcionario seguirá desempeñando funciones. La multa es registrada en la hoja de vida con un demérito en la calificación, siendo 2 puntos para multas hasta el 10%, 3 puntos para multas entre el 10% y el 15%, y 4 puntos para multas superiores al 15% (art. 122 del EAFM).

138 En la suspensión el funcionario es privado temporalmente del empleo con goce de un cincuenta a un setenta por ciento de las remuneraciones y sin poder hacer uso de los derechos y prerrogativas inherentes al cargo. Se registra en la hoja de vida del funcionario con un demérito de seis puntos en el factor correspondiente (art. 122 A del EAFM).

139 La destitución es la medida disciplinaria de mayor envergadura en cuanto supone la decisión del alcalde de poner término a los servicios de un funcionario municipal (artículo 123 del EAFM). La destitución procede únicamente ante infracciones que vulneren gravemente el principio de probidad administrativa y en los casos señalados en el inciso segundo del artículo 123 del EAFM, y posee además como consecuencia la inhabilidad del funcionario respectivo para ingresar nuevamente a un cargo en la Administración del Estado, por los cinco años siguientes. Para este efecto, se debe considerar la definición de probidad contenida en el artículo 52 de la LBGAE: “consiste en observar una conducta funcionaria intachable y un desempeño honesto y leal de la función o cargo, con preeminencia del interés general sobre el particular”.
El artículo 62 de la LBGAE establece casos de especial contravención a este principio, que comprenden el uso indebido de información reservada o privilegiada, el abuso de posición funcionaria para la obtención de beneficios personales o para terceros, el empleo de recursos públicos en beneficio propio o ajeno, el uso inapropiado de la jornada de trabajo o de los recursos municipales en beneficio propio o para fines ajenos a los institucionales, la aceptación de regalos o ventajas indebidas debido al cargo, la participación en asuntos y decisiones en que existe un conflicto de interés o falta de imparcialidad, la omisión o elusión de propuesta pública en aquellos casos exigidos por la ley, el incumplimiento de los deberes de eficiencia, eficacia y legalidad en la función pública y la presentación de denuncias falsas o maliciosas vinculadas con la conducta ética de otro funcionario.

función de la gravedad de la falta cometida y de las circunstancias atenuantes o agravantes que concurran en el caso concreto[140].

Además de la decisión del alcalde de iniciar una investigación sumaria o un sumario administrativo, la CGR puede ordenar la apertura de un sumario o bien iniciarlo y llevarlo adelante directamente (artículo 133 LOACGR). Asimismo, la CGR tiene la facultad de ordenar un sumario administrativo y disponer que éste se acumule al procedimiento disciplinario previamente iniciado por la municipalidad. Esta potestad está contemplada en el artículo 4 de la Resolución N° 510/2013, que Aprueba el Reglamento de Sumarios Administrativos Instruidos por la Contraloría General de la República.

Esta última posibilidad resulta cuestionable, desde que mediante el ejercicio de una potestad auto atribuida reglamentariamente se priva a un servicio público, como podría ser una Municipalidad, de terminar los sumarios administrativos que ha iniciado. Lo anterior podría estimarse vulneratorio del principio de juridicidad en cuanto a través de una norma reglamentaria se altera la radicación del asunto.

En materia municipal, y por expresa disposición legal (artículo 133 bis de la LOACGR) la CGR sólo puede proponer al alcalde la sanción o absolución del sumariado, siéndole vedado imponer la sanción directamente. Así, es el alcalde quien debe aplicar la sanción. Si opta por una sanción diversa a la propuesta por la CGR debe dispo-

---

Por su parte, el artículo 123 del EAFM autoriza al alcalde a la destitución del funcionario municipal, entre otros casos definidos en el Estatuto o en leyes especiales, ante la ausencia injustificada por más de tres días consecutivos, la participación en sindicatos, huelgas u otras actividades perturbadoras del normal funcionamiento de la municipalidad, el atentado o deterioro de bienes municipales, la incitación a la destrucción o el daño de instituciones públicas o privadas, la realización de acciones que atenten contra la dignidad de otros funcionarios, incluyendo el acoso sexual y la discriminación arbitraria, la condena por crimen o simple delito, la presentación de denuncias falsas a sabiendas o con ánimo deliberado de perjudicar y el hostigamiento a denunciantes o testigos.

140 Estas últimas no se encuentran previstas en el EAFM, por lo que generalmente emanan de instructivos internos inspirados en normas del derecho penal.

nerlo por resolución fundada, que queda sujeta al trámite de toma de razón[141].

2. *Concejo municipal*

En cada municipalidad existe un concejo municipal, órgano pluripersonal con facultades normativas, resolutivas y de fiscalización (artículo 71 de la LOCM). El concejo se encarga de sugerir al alcalde las medidas concretas para el desarrollo comunal, así como también, recomendarle las prioridades en la formulación y ejecución de proyectos específicos (artículo 79, letra g) de la LOCM). Por expresa disposición legal, las materias que requieren de acuerdo del concejo son de iniciativa del alcalde (artículo 65 de la LOCM), lo que no obsta a que los concejales puedan proponer materias para ser discutidas, en la medida de que no afecten o incidan en la administración financiera del municipio[142].

Dentro de las funciones del concejo, resultan de especial relevancia para el estudio del control de la actividad municipal aquellas de carácter resolutivo y de fiscalización. Es importante señalar que, salvo excepciones, las facultades del concejo le corresponden en cuanto órgano pluripersonal y no a sus integrantes individualmente considerados. Una excepción a lo anterior se encuentra en el artículo 87 de la LOCM, que establece el derecho de cada concejal a ser plenamente informado de todo lo relacionado con la marcha y funcionamiento de la municipalidad.

a. La función resolutiva del concejo municipal como mecanismo de control

El ejercicio de la función resolutiva del concejo está dado por la exigencia normativa de que el alcalde obtenga de su autorización para ciertas decisiones que resultan relevantes en la administración local de la comuna. Es decir, el concejo se encarga de resolver sobre

---

141 Lo que constituye una excepción a la regla general de que las resoluciones municipales están exentas de esa forma de control administrativo externo.

142 Dictámenes CGR N° s. E266323, de 2022, E53858, de 2020 y 32.411, de 2017.

la aprobación o eventualmente el rechazo de los asuntos que son puestos en su conocimiento para votación.

Las materias que requieren de autorización del concejo se encuentran principalmente enumeradas en el artículo 65 de la LOCM, aunque hay otras disposiciones que también prevén autorización del concejo.

El *quorum* para sesionar es la mayoría de los concejales en ejercicio. Por regla general, la aprobación del concejo municipal requiere un *quorum* de mayoría absoluta de los concejales asistentes a la sesión respectiva, salvo que la LOCM exija un *quorum* diferente[143].

Cabe señalar que, dado que el alcalde posee derecho a voto en el concejo, la determinación del quorum necesario para el acuerdo debe considerar también al alcalde, aunque no aquel necesario para sesionar[144].

a'. Algunas consideraciones respecto de las materias tratadas por el artículo 65 de la LOCM

La ley exige la autorización del concejo para la aprobación del plan comunal de desarrollo y el presupuesto municipal, así como sus modificaciones (artículo 65, letra a) de la LOCM); para la aprobación del plan regulador comunal y de los planes seccionales (artículo 65, letra b) de la LOCM); para la aprobación del plan comunal de seguridad (artículo 65, letra c) de la LOCM) y para el establecimiento de derechos municipales por servicios municipales, por permisos y por concesiones (artículo 65, letra d) de la LOCM). Si bien para el otorgamiento de los permisos basta con la sola voluntad del alcalde,

---

143 Requieren un *quórum* distinto, por ejemplo, el cambio de denominación de poblaciones, barrios y conjuntos habitacionales (art. 5, literal c) de la LOCM), la remoción del administrador municipal (art. 30 de la LOCM), la aprobación de la propuesta de reglamento para fijar o modificar la planta de personal (art. 49 bis de la LOCM), la aceptación de la renuncia del alcalde, por motivos justificados (art. 60, literal d) de la LOCM), o la aprobación de los convenios y contratos que involucren un monto superior a las 500 UTM o que comprometan a la municipalidad por un período que exceda de aquel que corresponda al alcalde (art. 65, literal j) de la LOCM), entre otras.

144 Dictamen CGR N° 45.281, de 2010.

para el establecimiento de los derechos a cobrar la máxima autoridad municipal precisa acuerdo del concejo. También se requiere la anuencia del órgano pluripersonal para la aplicación de tributos que graven actividades o bienes con una clara identificación local y que estén destinados a obras de desarrollo de la comuna (artículo 65, letra e) de la LOCM).

Para la enajenación o gravamen de bienes raíces municipales, cuya procedencia exige necesidad o utilidad manifiesta, el alcalde requerirá del acuerdo del concejo y para el traspaso, a cualquier título, del dominio o mera tenencia de bienes inmuebles municipales (artículo 65, letra f) de la LOCM).

Se requiere además acuerdo del concejo para la expropiación de bienes inmuebles con el objeto de dar cumplimiento al plan regulador comunal (artículo 65, letra g) de la LOCM); para el otorgamiento a personas jurídicas sin fines de lucro, públicas o privadas, de subvenciones y aportes cuyo objeto sea el financiamiento de actividades que forman parte de las funciones de las municipalidades[145], y también, para ponerles término (artículo 65, letra h) de la LOCM); y para transigir judicial o extrajudicialmente (artículo 65, letra i) de la LOCM). Se requiere además de autorización del concejo para la celebración de convenios y contratos que involucren montos iguales o superiores a quinientas unidades tributarias mensuales[146], y en caso de que éstos comprometan al municipio por un plazo que exceda el período alcaldicio, el acuerdo deberá otorgarse por los dos tercios del concejo municipal (artículo 65, letra j) de la LOCM).

El acuerdo del concejo se precisa también para el otorgamiento, renovación y término de las concesiones municipales (artículo 65, letra k) de la LOCM). La CGR ha dictaminado que la decisión de concesionar o no un servicio es privativa del alcalde y que la intervención del concejo en esta materia es respecto de la aprobación del oferente a quien el alcalde ha seleccionado para adjudicar aquella

---

145 Con el límite consagrado en el artículo 5, literal g) de la LOCM, esto es, que dichas subvenciones y aportes no excedan el 7 por ciento del presupuesto municipal de gastos para el ejercicio respectivo.

146 En la medida de que sean financiados con el presupuesto municipal, pues de lo contrario el concejo carece de facultades resolutivas, manteniendo en cambio sólo las de carácter fiscalizador. Dictamen CGR N° 21.140, de 2006.

concesión[147]. Por otra parte, la LOCM exige para la renovación de las concesiones que el acuerdo del concejo tenga lugar dentro de los seis meses que precedan a su expiración (artículo 65, letra k) de la LOCM).

Es necesario también el acuerdo del concejo para la dictación de ordenanzas (artículo 65, letra l) de la LOCM); para la omisión de la licitación pública en los casos de imprevistos urgentes u otras circunstancias debidamente calificadas (artículo 65, letra m) de la LOCM) y para la convocatoria a plebiscito comunal (artículo 65, letra n) de la LOCM).

b'. Otras materias que requieren acuerdo del concejo

Junto al listado del artículo 65 de la LOCM, existen otras materias en que se requiere el acuerdo del concejo municipal. Así ocurre, por ejemplo, con el cierre de calles y su renovación (artículo 5, letra c) de la LOCM).

Por otra parte, la creación de unidades municipales se puede encontrar sujeta a la aprobación del concejo, como ocurre con la unidad de gestión de riesgos (artículo 26 ter de la LOCM). Asimismo, las bases del concurso y el nombramiento del funcionario que se desempeñe como director de la unidad de control requiere de la aprobación del concejo (artículo 29 de la LOCM).

A su vez, existirá un administrador municipal en todas aquellas comunas donde lo decida el concejo a proposición del alcalde (artículo 30 de la LOCM). Por otra parte, para la dictación del reglamento municipal que tenga por propósito determinar la organización interna y las funciones de cada unidad, su coordinación y subdivisión se requerirá acuerdo del concejo (artículo 31 y artículo 65, letra k) de la LOCM).

De otro lado, dos o más municipalidades pueden convenir que un mismo funcionario ejerza labores análogas en todas ellas, para lo cual, el referido convenio requerirá el acuerdo de los respectivos concejos y la conformidad del funcionario (artículo 44 de la LOCM).

---

147 Dictamen CGR Nº 1.355, de 2018.

Finalmente, también se encuentran sujetos a aprobación del concejo la política de recursos humanos (artículo 56 de la LOCM) y el plan comunal de seguridad pública (artículo 104 F de la LOCM).

c'. La elección del alcalde en casos de vacancia

Le corresponde al concejo la elección del alcalde en casos de vacancia ya sea por ausencia o impedimento de la máxima autoridad municipal.

De acuerdo al artículo 62 de la LOCM, en casos de vacancia, por u periodo igual o inferior a cuarenta y cinco días, el alcalde será subrogado en sus funciones por el funcionario en ejercicio que le siga en orden de jerarquía dentro de la municipalidad, aunque la facultad de representar protocolarmente al municipio recaerá en el concejal que, en términos individuales, hubiere obtenido la mayor votación en la elección respectiva. Sin embargo, previa consulta al concejo, el alcalde puede designar como subrogante a un funcionario que no corresponda a dicho orden.

Por el contrario, si la ausencia o impedimento es superior a cuarenta y cinco días, el concejo designará de entre sus miembros a un alcalde suplente, en sesión especialmente convocada al efecto.

d'. El pronunciamiento respecto de los motivos de renuncia del alcalde

El artículo 60 de la LOCM regula las causales de cesación del alcalde en el cargo, siendo la renuncia una de ellas. La renuncia del alcalde exige motivos justificados que la sustenten y requiere de acuerdo por dos tercios de los miembros en ejercicio del concejo, a menos que ésta se deba a la postulación del alcalde a otro cargo de elección popular, caso en el cual no precisará del acuerdo del concejo.

e'. La autorización de cometidos del alcalde y de los concejales

Al concejo le corresponde también autorizar los cometidos del alcalde y de los concejales que supongan ausentarse del territorio nacional, así como también aquellos que se realicen fuera del territorio de la comuna por más de diez días corridos. El informe de dicho cometido y su coste deben incluirse en el acta del concejo (artículo 79 letra ll de la LOCM).

f'. La elección de los directores que integrarán las corporaciones o fundaciones municipales

Al concejo le corresponde elegir en un solo acto a los directores. Esta expresión indica que en la misma sesión se debe designar a todos los miembros del directorio, debiendo, ya que no se indica lo contrario, votar la elección de cada uno de los miembros por separado.

Las personas que resulten designadas como directores, tienen el deber de informar al concejo acerca de su gestión y de operación de la corporación o fundación (artículo 79, letra i) de la LOCM).

b. Las funciones fiscalizadoras del concejo municipal como mecanismo de control

El concejo ejerce funciones de fiscalización dentro de la municipalidad. A través de éstas supervisa que las actuaciones municipales se ajusten a los intereses y necesidades de la comunidad local y que los recursos públicos sean empleados de forma adecuada.

La LOCM confiere para estos efectos una serie de potestades de fiscalización, cuyo ejercicio debe acordarse "dentro de una sesión ordinaria del concejo y a requerimiento de cualquier concejal" (artículo 80, inciso 2° LOCM)[148].

a'. Derecho a ser informado sobre la marcha y funcionamiento de la municipalidad

El artículo 87 de la LOCM consagra el derecho de los concejales a ser plenamente informados de todo aquello que se relacione con la marcha o el funcionamiento de la municipalidad. Esta norma cons-

---

148 La CGR ha dictaminado que no es válido el acuerdo del concejo de contratar una auditoría externa para la evaluación de determinados ejercicios presupuestarios realizado en una sesión extraordinaria, por vulnerar el artículo 80 de la LOCM, en su inciso segundo, en: Dictamen CGR N° 6.629, de 2007. En el mismo sentido: Dictamen CGR N° 45.212, de 2000.

tituye una excepción a la exigencia de que las facultades del concejo sean ejercidas por el órgano pluripersonal, y no por los integrantes del concejo, individualmente considerados.

El alcalde dispone de un plazo de quince días para dar respuesta, sin perjuicio de que en casos calificados este período pueda prorrogarse por un tiempo razonable, a criterio del concejo. Este derecho debe ser ejercido sin entorpecer la gestión municipal (artículo 87 de la LOCM).

De esta manera, los concejales tienen la prerrogativa de pedir la información que necesiten directamente y no a través del Portal de Transparencia, mecanismo de acceso a la información regulado en la Ley N° 20.285, sobre Acceso a la Información Pública.

De acuerdo a lo sostenido por la CGR, este derecho encuentra su límite en el funcionamiento de la propia municipalidad, no pudiendo invocarse para exigir información a otra municipalidad. Con todo, nada obstaría a que los concejales, en su calidad de personas naturales, soliciten información a otra municipalidad, utilizando el mecanismo de la Ley N° 20.285, sobre Acceso a la Información Pública[149].

b'. Fiscalización del cumplimiento de planes y programas de inversión municipal y otros mecanismos de control financiero

Al concejo le corresponde la fiscalización del cumplimiento de los planes y programas de inversión municipal, entre los que se encuentra la supervisión del cumplimiento del plan comunal de desarrollo. También, la ejecución del presupuesto, así como el análisis del registro público mensual de gastos llevados por la Dirección de Administración y Finanzas (artículo 79, letra c) de la LOCM). Asimismo, la evaluación del detalle mensual de los pasivos acumulados del municipio y de las corporaciones municipales (artículo 27, letra c) de la LOCM) y del desglose de los gastos del municipio, lo que no obsta al acceso permanente de cada concejal a todos los gastos efectuados por la municipalidad (artículo 27, letra d) de la LOCM).

---

149 Dictamen CGR N° 60.938, de 2013. En un sentido similar, Dictamen CGR N° 84.879, de 2013.

De acuerdo al artículo 81 de la LOCM el concejo sólo podrá aprobar presupuestos debidamente financiados, para lo cual la ley le exige examinar trimestralmente el programa de ingresos y gastos municipales e introducir las modificaciones correctivas que correspondieren, a propuesta del alcalde. Esto en atención a los principios de sanidad y equilibrio de las finanzas públicas[150].

Para estos efectos, el jefe de la dirección de control municipal o el funcionario que desempeñe esa tarea tiene la obligación de representar al concejo, mediante un informe, los déficits que advierta en el presupuesto municipal y los pasivos contingentes derivados, es decir, los potenciales compromisos financieros que podrían derivar, por ejemplo, de demandas judiciales o de deudas con proveedores, empresas de servicios y entidades públicas que eventualmente no sean satisfechas en el marco del presupuesto anual.

La LOCM establece, además, una acción pública para reclamar su cumplimiento por el déficit que arroje la ejecución presupuestaria anual al 31 de diciembre del año respectivo, siendo solidariamente responsables los concejales de la parte deficitaria que arroje la ejecución presupuestaria anual (artículo 81 de la LOCM).

La CGR ha señalado que la unidad de control de la municipalidad debe ser un colaborador directo del concejo en sus labores fiscalizadoras y que, por tanto, si bien estos informes trimestrales son una de las tareas que la ley le asigna en materia de fiscalización, no puede ser considerada como la única[151]. Las funciones de la unidad de control se describen en el artículo 29 de la LOCM.

c'. Formulación de observaciones y evaluación de la gestión del alcalde

También el concejo puede formular observaciones al alcalde, a las que la máxima autoridad municipal deberá responder por escrito dentro de máximo quince días (artículo 79, letra d) de la LOCM), en relación con lo previsto en el artículo 87 de la LOCM.

---

150 Dictamen CGR N° 14.145, de 2019.

151 Dictamen CGR N° 3.419, de 2001.

Asimismo, el artículo 80 de la LOCM establece que la función fiscalizadora del concejo municipal comprende también la facultad de evaluar la gestión del alcalde. Por medio de ésta el concejo debe evaluar que las acciones y decisiones tomadas por la administración municipal estén en conformidad con las políticas, normas y acuerdos que el concejo hubiere adoptado en el ejercicio de sus facultades propias. Este control no se refiere exclusivamente a la legalidad, sino que puede también comprender —a diferencia del control administrativo externo, como se tratará más adelante— cuestiones de mérito, oportunidad o conveniencia de las decisiones adoptadas por el alcalde, en ejercicio de sus propias competencias.

d'. Citación y requerimientos de información

El concejo tiene la facultad de citar a cualquier director municipal para que asista a sesiones del concejo con el objeto de formularle preguntas y requerir información en relación con materias propias de su dirección. Esta potestad requiere ser ejercida con el acuerdo de a lo menos un tercio de sus miembros (artículo 79, letra l) de la LOCM).

Los aspectos procedimentales y todo lo necesario para llevar adelante estas citaciones debe regularse en el reglamento de funcionamiento del concejo de cada municipalidad (artículo 79, letra l) de la LOCM), el que requiere también de la anuencia del órgano pluripersonal.

Además, a fin de pronunciarse sobre las materias de su competencia, la LOCM faculta al concejo o a cualquier concejal que lo solicite por escrito al concejo, a citar a los organismos o funcionarios municipales o a requerirles información. Estas actuaciones deben siempre ejercerse por medio del alcalde, quien estará obligado a dar respuesta en un plazo no superior a quince días (artículo 79, letra h) de la LOCM).

La CGR ha señalado que la solicitud de un concejal debe formalizarse ante el concejo y que se canalizará a través del Alcalde, quien debe transmitir a la unidad o al funcionario respectivo la solicitud de información. Agrega el dictamen que el derecho a ser informados se satisface entregando fotocopia de los antecedentes que le fueren requeridos[152].

e'. Solicitud de informes

El concejo puede solicitar informes por escrito a las empresas, corporaciones, fundaciones o asociaciones municipales. También a las entidades que reciban aportes o subvenciones de la municipalidad, caso en el cual el requerimiento de información sólo puede referirse al destino dado a los aportes o subvenciones municipales percibidos. Estos informes deberán remitirse dentro del plazo de quince días (artículo 79, letra j) de la LOCM).

f'. Auditorías externas

El artículo 80 de la LOCM regula tres supuestos en los que el concejo municipal puede disponer la contratación de una auditoría externa. En primer lugar, para la evaluación de la ejecución presupuestaria y el estado de situación financiera del municipio. En segundo lugar, cada vez que se inicie un período alcaldicio. Por último, para la evaluación de la ejecución del plan de desarrollo.

En el primer caso, la facultad será ejercida con el acuerdo de la mayoría de los miembros del concejo, pudiendo realizarse sólo una vez al año en las municipalidades cuyos ingresos anuales superen las seis mil doscientas cincuenta unidades tributarias anuales, y cada dos años en las municipalidades que no cumplan con este requisito.

En el segundo supuesto, la auditoría externa tendrá por propósito evaluar el estado de situación financiera del municipio y deberá ser acordada dentro de los ciento veinte días siguientes a la instalación del concejo. Para su adjudicación el alcalde requerirá también acuerdo del concejo.

---

[152] Dictamen CGR N° 17.233, de 2002. Aplica criterio contendido en el Dictamen N° 46.819, de 1999.

Por último, y con carácter mandatorio, le corresponde al conejo disponer la contratación de una auditoría externa que evalúe la ejecución del plan de desarrollo. Esta auditoria debe practicarse cada tres años en las municipalidades cuyos ingresos anuales superen las seis mil doscientas cincuenta unidades tributarias anuales, y cada cuatro años en las municipalidades que no superen dicho ingreso anual.

En todos estos casos, las auditorías deben contratarse por intermedio del alcalde, con cargo al presupuesto municipal y los informes finales serán públicos.

De acuerdo con la CGR, la circunstancia de que una municipalidad no contemple en su presupuesto anual recursos destinados a una auditoría externa, habida consideración de la posibilidad de que sea dispuesto por el concejo, no es causal suficiente para no contratarla si es acordada por la mayoría de los concejales, pues ello importaría coartar o limitar dicha facultad o simplemente dejarla sin efecto. Dado lo anterior, las municipalidades, en la formulación y aprobación de sus respectivos presupuestos, deben contemplar recursos para estos fines[153].

g'. Cuenta pública

De conformidad con el artículo 67 de la LOCM, otra instancia de control administrativo interno consiste en la obligación que pesa sobre el alcalde de rendir cuenta pública de su gestión, anualmente, a más tardar en el mes de abril, ante el concejo municipal, el consejo comunal de organizaciones de la sociedad civil y el consejo comunal de seguridad pública. Deben ser invitados también a esta sesión del concejo, las principales organizaciones comunitarias y otras relevantes de la comuna; las autoridades locales, regionales, y los parlamentarios que representen al distrito y la circunscripción a que pertenezca la comuna respectiva. Por cierto, la ausencia de alguna de estas entidades no afecta el cumplimiento de este deber por el alcalde.

La cuenta pública se efectúa mediante un informe escrito en el que se señalen al menos los contenidos exigidos en el mismo artícu-

---

[153] Dictamen CGR N° 2.563, de 2003.

lo, siendo algunos de ellos: 1) balance de ejecución presupuestaria y estado de situación financiera, con indicación de la manera en que la previsión de ingresos y gastos fue cumplida efectivamente, el detalle de los pasivos de la municipalidad y de sus corporaciones, cuando corresponda; 2) las acciones desarrolladas para el cumplimiento del plan de desarrollo comunal y del plan de seguridad pública; 3) las inversiones efectuadas en relación a los proyectos concluidos en el período y aquellos aún en ejecución, con indicación de sus fuentes de financiamiento; 4) un resumen de las auditorías, sumarios y juicios en que la municipalidad fuera parte, incluidas las resoluciones que hubiera dictado en ejercicio de sus funciones el Consejo para la Transparencia y de las observaciones relevantes realizadas por la CGR; 5) el detalle de los convenios celebrados, y la constitución de corporaciones o fundaciones o la incorporación municipal a esas entidades; 6) las modificaciones efectuadas al patrimonio municipal; y 6) todo hecho relevante de la administración municipal que deba ser conocido por la comunidad local.

En la práctica, se trata de una relevante instancia de control ciudadano, en que el alcalde da cuenta de los principales hitos de su gestión en el año inmediatamente anterior. Cabe señalar que la no realización de la cuenta pública, su ejercicio extemporáneo o la omisión de las menciones obligatorias requeridas por la ley, es una causal de notable abandono de deberes del alcalde y, por consiguiente, de su posible destitución.

h'. Acta de traspaso

Al término de su período el alcalde debe hacer entrega al nuevo alcalde y a los nuevos integrantes del concejo municipal de un acta de traspaso de la gestión[154]. Este instrumento consigna la información consolidada de su período y debe ser suscrito por el secretario

[154] La oportunidad de cumplir con esta obligación es en la sesión de instalación del concejo. Por ende, se trata de un beneficio en favor de las nuevas autoridades que inician su período. Por lo mismo, la CGR, en atención a principios de eficiencia y eficacia, ha establecido que el deber de entregar el acta de traspaso de gestión corresponde al alcalde al final de su mandato, por lo que no corresponde imponérsele tal carga al alcalde suplente al final de su suplencia. Dictamen CGR N° 30.251, de 2019.

municipal y por el jefe de la unidad de control, salvo que no estuviesen de acuerdo con su contenido, cuestión que deberán comunicar a su superior jerárquico (artículo 67 de la LOCM).

La CGR ha añadido dos consideraciones relevantes[155]. Primero, que en aquellos casos en que el alcalde saliente hubiere cumplido dos períodos alcaldicios consecutivos, el acta de traspaso de gestión sólo debe contener la información relativa a su segundo período, es decir, al período inmediatamente anterior. Por otro lado, especifica que el incumplimiento de este deber es causal de notable abandono de deberes, cuestión que toma especial relevancia considerando que se puede perseguir la responsabilidad administrativa del alcalde hasta seis meses posteriores al fin de su mandato.

i'. Iniciativa en la destitución del alcalde

El artículo 60 de la LOCM enumera las causales por las cuales el alcalde cesará en su cargo. La letra c) considera la "Remoción por impedimento grave, por contravención de igual carácter a las normas sobre probidad administrativa, o notable abandono de sus deberes". Así, las causales de remoción son taxativas. Su procedencia debe ser declarada por el Tribunal Electoral Regional respectivo a requerimiento de a lo menos un tercio de los concejales en ejercicio.

Asimismo, requiere de la observancia de las reglas procedimentales a las que refieren los artículos 17 y siguientes de la Ley N° 18.593, de los Tribunales Electorales Regionales. Subyacen a estas reglas garantías de debido proceso para evitar pretensiones de destitución infundadas.

Se exige una exposición precisa y circunstanciada de los hechos que motivarían la reclamación de los concejales, así como de los fundamentos de derecho. Además, se ordena la notificación personal por regla general y se otorga al alcalde un término de emplazamiento. Se dispone la apertura de un término probatorio en caso de que el Tribunal Electoral Regional constate la existencia de hechos pertinentes, sustanciales y controvertidos.

155 Dictamen CGR N° 85.300, de 2016.

Además, permite a las partes solicitar alegatos, se exige que el fallo sea fundado y que indique con precisión sus alcances en cuanto a la situación del alcalde. Por último, se contemplan mecanismos de impugnación, que son el recurso de reposición y el de apelación ante el TRICEL, sin perjuicio de la posibilidad de enmendar los errores de hecho, de oficio o a petición de parte.

3. Dirección de control municipal

Sin perjuicio de que ya se ha hecho referencia a esta unidad municipal, es importante destacar que la organización interna de las municipalidades exige considerar una dirección de control (artículo 16 de la LOCM), entidad que colabora directamente con el concejo en el ejercicio de sus potestades de fiscalización. En esta labor, le corresponde dar respuesta por escrito a las consultas o peticiones de informes que le formule un concejal (artículo 29, letra d) de la LOCM), asesorar al concejo en la definición y evaluación de las auditorías externas que aquél puede requerir (artículo 29, letra e) de la LOCM), así como también realizar presentaciones al concejo a fin de que los concejales puedan formular las consultas que tengan sobre el cumplimiento de las funciones que le competen, con la periodicidad que determine el reglamento interno (artículo 29, letra f) de la LOCM).

Junto con la obligación de representar al concejo los déficits presupuestarios, la unidad encargada del control municipal debe ejercer otras funciones, dentro de las cuales destaca la fiscalización de la legalidad de la actuación municipal mediante el ejercicio de una auditoría operativa interna (artículo 29, letra a) de la LOCM) y el control de la ejecución financiera y presupuestaria de la municipalidad (artículo 29, letra b) de la LOCM). En este sentido, la unidad de control debe emitir trimestralmente un informe sobre el estado de avance del ejercicio programático presupuestario y otro sobre el estado de cumplimiento de los pagos a que refiere el artículo 29, letra d) de la LOCM[156].

---

156 Este informe recae sobre el estado de cumplimiento de los siguientes pagos: 1) las cotizaciones previsionales de los funcionarios municipales y de los trabajadores que se desempeñan en servicios incorporados a la gestión municipal, ad-

También le corresponde representar al alcalde los actos municipales que estime ilegales dentro de los diez días siguientes a aquel en que tomare conocimiento de los mismos. De esta representación deberá informar al concejo para lo cual el legislador le garantiza el acceso a toda la información disponible. En tal caso, el alcalde debe adoptar las medidas administrativas que sean necesarias para enmendar el acto representado. De omitirlas, la unidad de control municipal deberá remitir la información pertinente a la CGR (artículo 29, letra c) de la LOCM).

Para elegir al titular de la unidad de control, el alcalde debe llamar a concurso público cuyas bases deben ser aprobadas previamente por el concejo, de conformidad al artículo 29 de la LOCM. Una vez realizada la oposición, el concejo municipal deberá aprobar a la persona que ocupará el cargo como titular, antes de la emisión del respectivo acto administrativo de nombramiento. Por tratarse de un cargo de planta, no puede estar vacante por más de seis meses, regla que en este caso particular tiene un reforzamiento adicional expreso en la misma norma debido a la relevancia de sus funciones.

Por último, el Director de Control puede ser removido por las mismas causas que los demás funcionarios municipales, pero si la razón que daría lugar a su destitución es el incumplimiento de sus funciones, y especialmente la inobservancia de su obligación consagrada en el artículo 81 de la LOCM (representar el déficit que arroje el presupuesto municipal), el sumario administrativo respectivo sólo podrá ser incoado e instruido por la CGR a solicitud del concejo municipal.

En la práctica, es usual que las municipalidades elaboren y aprueben un reglamento que determine las materias que requerirán la revisión previa de legalidad de los decretos y demás resoluciones. Lo anterior encuentra su explicación en que sería complejo que la totalidad de la actividad jurídico-administrativa de la municipalidad pase por las manos de la unidad de control, por lo que se limita a

---

ministrados directamente por la municipalidad o a través de corporaciones municipales, 2) los aportes que la municipalidad debe efectuar al Fondo Común Municipal, y 3) los pagos por concepto de asignaciones de perfeccionamiento docente.

ciertos actos de especial relevancia, como por ejemplo, la aplicación de sanciones en materia contractual o la adjudicación de contratos administrativos de relevancia económica.

III. CONTROL ADMINISTRATIVO EXTERNO

1. Control administrativo realizado por la CGR

Además de las facultades de fiscalización interna que el legislador le confiere al alcalde, al concejo y a la dirección de control, el artículo 98 de la CPR y el artículo 51 de la LOCM someten a las municipalidades a la fiscalización de la CGR. A continuación, se analizarán los mecanismos jurídicos en virtud de los cuales la CGR ejerce sus potestades de control.

a. Toma de razón

a'. La toma de razón como control de legalidad de los actos administrativos

La toma de razón se encuentra prevista en el artículo 99 de la CPR. Constituye "una forma de fiscalización jurídica a la que deben someterse los actos de la Administración antes de que estos surtan efectos"[157]. También, ha sido definida por la propia CGR como un "[...] control obligatorio de la juridicidad de los actos administrativos, que vela por el resguardo del principio de probidad, por el derecho a una buena Administración y por el cuidado y buen uso de los recursos públicos"[158]. En otras palabras, en materia administrativa, ciertos actos —en principio, los decretos supremos[159] y resoluciones

---

157 Aróstica Maldonado, "El trámite de toma de razón de los actos administrativos" *Revista De Derecho Público*, N° 49 (2016): 132. https://doi.org/10.5354/rdpu.v0i49.43539.

158 Inciso tercero de la parte considerativa de la Resolución N° 6 de la Contraloría General de la República, de 26 de marzo de 2019 (casi literalmente repetido por el Considerando 3° de su Resolución N° 7, de igual fecha).

159 Según el inciso cuarto del artículo 3 de la LBPA, el decreto supremo es la "orden escrita que dicta el Presidente de la República o un Ministro 'Por orden del Presidente de la República', sobre asuntos propios de su competencia".

de los Jefes de Servicios, sin perjuicio de excepciones[160/161]—, deben pasar por un control de juridicidad que efectúa precisamente la CGR, previo a su publicación o notificación y, consecuentemente, a su entrada en vigencia y a la producción de sus efectos. Este control previo y administrativo es la nota diferenciadora entre la CGR chilena y sus pares a nivel del Derecho Comparado[162]. Se trata de un control "preventivo, de juridicidad, imprescindible e impeditivo"[163] que puede terminar con diversos resultados[164].

El artículo 1 de la LBPA determina que la toma de razón, en cuanto trámite o procedimiento, se rige por las normas de la CPR

---

160 El inciso quinto del artículo 10 de la LOACGR determina que el Contralor General "podrá eximir a uno o más Ministerios o Servicios del trámite de toma de razón de los decretos supremos o resoluciones que concedan licencias, feriados, y permisos con goce de sueldos, *o que se refieran a otras materias que no considere esenciales*" (el énfasis es añadido). En la práctica, las normas sobre exención del trámite de toma de razón, y las materias exentas, se encuentran reguladas mediante las Resoluciones CGR N° s. 6 y 7 de 2019, N° 16 de 2020 y N° 8 de 2022.

161 Acerca de la generalidad del trámite de toma de razón respecto de los actos que pasan por él, en un período determinado, *vid.* Cordero Vega, "La Contraloría General de la República y la Toma de Razón: fundamentos de cuatro falacias", *Revista De Derecho Público*, N° 69 (2007): 132.

162 Cordero Vega, "La Contraloría General de la República y la Toma de Razón: fundamentos de cuatro falacias": 156, citando a Patricio Aylwin, "Algunas reflexiones sobre la Contraloría General de la República", en Enrique Navarro B. [Ed.], *20 años de la Constitución Chilena 1981-2001* (2001), Editorial Jurídica Conosur, Santiago, Chile: 602.

163 Aróstica Maldonado, "El trámite de toma de razón de los actos administrativos", 132.

164 Producto del trámite de toma de razón, la CGR puede determinar una de las siguientes tres consecuencias respecto de la validez del acto analizado: 1) "toma razón" por ajustarse a derecho, devolviéndolo al órgano del que emanó, para los efectos de su notificación o publicación y, consecuentemente, de su entrada en vigencia; 2) toma razón del acto "con alcances", lo que se traduce en que, si bien el acto presenta ilegalidades o inconsistencias, resultan éstas, sin embargo, insuficientes para entenderlo ilegal e impedir que nazca a la vida del Derecho, en razón del principio de conservación del acto administrativo; o 3) "representar" la ilegalidad del acto, en cuyo caso lo devolverá al órgano administrativo para que subsane el vicio, desista de él o, en su caso, se insista en su juridicidad por el Presidente de la República. También existe una cuarta posibilidad, consistente en el retiro del acto cuando la CGR comunica de manera informal la ilegalidad y, por ende, el ente administrativo opta por retirar el acto para corregirlo y volver a ingresar.

y de la LOACGR y no le resultan aplicables supletoriamente sus disposiciones[165].

De otro lado y por mandato expreso del artículo 3 de la LBPA, todos los actos administrativos gozan de una presunción de legalidad, de imperio y de exigibilidad frente a sus destinatarios, desde su entrada en vigencia. En consecuencia, se puede discutir el efecto de la toma de razón en relación con la presunción de legalidad.

Se trata, en suma, de un control estricto de legalidad que no puede extenderse a razones de mérito, oportunidad o conveniencia[166], que es llevado adelante por un órgano constitucionalmente autónomo, previo a su entrada en vigencia y que constituye un requisito de eficacia[167]-[168] del acto administrativo objeto de dicho control.

Judicialmente, la Corte Suprema ha resuelto que la toma de razón es exclusiva y excluyente de la CGR, se regula en la CPR y, por ende, no puede invalidarse judicialmente a través de la acción de protección constitucional[169], sin perjuicio del destino del acto tomado razón[170].

Si bien en teoría el Contralor General de la República tiene la facultad —prevista en el artículo 10 y siguientes de la LOCGR— para eximir actos de la toma de razón, en la práctica esta facultad se ha utilizado en el sentido contrario, esto es, sometiendo a toma de razón ciertos actos. La explicación es evidente y práctica, vinculado al alto número de actos sujetos a toma de razón.

---

165 En otras palabras, la toma de razón no es recurrible por la vía administrativa; no puede dejarse sin efecto, modificarse, invalidarse ni revocarse y tampoco rige la aplicación del silencio administrativo, entre otras cuestiones relevantes reguladas en la LBPA.

166 En ese sentido se ha pronunciado en numerosas ocasiones la CGR, por ejemplo, en sus dictámenes 24.065, de 2002, y, más recientemente, en el dictamen E297678, de 2023.

167 Cordero Vega, "La Contraloría General de la República y la Toma de Razón: fundamentos de cuatro falacias": 159-161.

168 Dictamen CGR N° 2.951, de 2000.

169 En este sentido, Corte Suprema, sentencia Rol N° 38.977-2023. En la misma línea, la CS sentencias Rol N° 39.489-2020 y Rol N° 14.009-2019.

170 Tribunal Constitucional, sentencia Rol N° 116-1990, considerandos tercero y cuarto.

A los actos municipales no se les aplica lo anterior, desde que, por regla general, no se encuentran sujetos a toma de razón.

b'. Los actos jurídicos municipales están por regla general exentos de toma de razón

En materia municipal existe una excepción a la regla general de la toma de razón. De acuerdo con el artículo 53 de la LOCM "[l]as resoluciones que dicten las municipalidades estarán exentas del trámite de toma de razón".

Esta regla general admite algunas excepciones. Por ejemplo, quedan afectas las bases de licitación y las adjudicaciones de los servicios de recolección de residuos sólidos domiciliarios (artículo 6 de la LBCASPS[171]). También, el reglamento municipal que fija o modifica las plantas de personal de las municipalidades está sometido al trámite de toma de razón (artículo 49 bis LOCM). Por último —si bien existen otras excepciones— está afecta al trámite de toma de razón la decisión alcaldicia de variar lo resuelto por la CGR, en el marco de un sumario instruido o acumulado por ella, y que involucre la responsabilidad administrativa de funcionarios municipales (artículo 133 bis de la LOACGR).

La razón de esta exención es posible encontrarla en la multiplicidad de labores que desarrollan las municipalidades y en el elevado volumen de actos que las mismas dictan. Así, se podría entender que, de estar sometida la generalidad de la actividad jurídica municipal a la toma de razón, se ralentizaría indebidamente la prestación de los servicios más demandados por la comunidad y se afectaría la provisión rápida que resulta especialmente necesaria cuando se trata del obrar municipal[172]. Por eso, el legislador habría optado por hacer de

---

171 Modificación introducida por la Ley N° 21.445 Modifica la Regulación sobre Contratación, Prestación y Pago del Servicio de Extracción de Residuos Sólidos Domiciliarios. Actualmente existen dos proyectos de ley archivados que modifican el trámite de toma de razón en relación con los actos municipales (Boletines 3112-06 y 12941-06).

172 La ayuda social por las más diversas causas (enfermedad, muerte de parientes, siniestro de viviendas, etc.), el subsidio o aporte a organizaciones sin fines de lucro, el traslado de organizaciones deportivas, el asesoramiento de personas ju-

la toma de razón una forma excepcionalísima de control en el caso de las municipalidades, privilegiando en cambio la celeridad en la actividad administrativa local.

Sin perjuicio de lo anterior, constantemente se plantean dudas sobre esta exención e incluso se han presentado propuestas legislativas destinadas a modificar esta situación[173].

Adicionalmente, ha ido surgiendo una práctica consistente en la celebración de convenios por parte de entes municipales con la CGR para someter voluntariamente alguno de sus actos a conocimiento de la CGR.

c'. Ámbito y efectos de los convenios voluntarios entre las municipalidades y la CGR para someter ciertos actos a control

No obstante estar la generalidad de los actos municipales exentos por ley de toma de razón, se ha convertido en una práctica común en las municipalidades la suscripción de un convenio con la CGR en virtud de la cual la municipalidad se obliga a enviarle para revisión jurídica ciertos tipos de actos[174]. No se trata de un control de toma de razón propiamente tal, sino más bien de un control previo y de origen convencional.

En estos casos el control previo de la CGR opera como garante de la juridicidad, transparencia y probidad de las actuaciones municipales y —al menos en abstracto— un mecanismo equiparable a la toma de razón, aunque sin ser un requisito para la tramitación y validez del acto y, por cierto, sin producir los efectos que emanan de la misma.

En cuanto a sus alcances, es posible que estos convenios se generen respecto de distintas materias, siendo especialmente comunes en materias sensibles como ciertos procedimientos de contratación.

---

rídicas de carácter local, etc., son demostrativas de prestaciones que requieren actuaciones especialmente rápidas.

173 Boletín N° 12.941-06 (archivado) en materia de ordenanzas, así como Boletín N° 3112-06 (archivado) en materia de contratos y concesiones.

174 En materia de contrataciones la Municipalidad de Quillota suscribió un convenio para someter a control previo ciertos actos, por ejemplo, en atención a la cuantía. Decreto alcaldicio N° 4.248, de 2018.

Por último, aunque los efectos de estos convenios voluntarios no son del todo claros, sí resulta evidente que este mecanismo no puede ser equiparado a la toma de razón como requisito para la validez de los actos municipales. Sostener lo anterior implicaría contravenir la ley que actualmente exime de tal exigencia a la actuación municipal, por regla general.

No obstante, surgen otras dudas, como las consecuencias jurídicas del incumplimiento de estos convenios, dado que no existe una sanción específica para el caso de que la municipalidad no envíe el acto a la CGR o no adopte las medidas adecuadas para subsanar el reproche de juridicidad que el órgano de control advierta.

b. Potestad dictaminante

a'. Fuente normativa

La potestad de emitir dictámenes es atribuida al Contralor General de la República indirectamente por el texto constitucional (arts. 98 y 99 de la CPR)[175] y por un conjunto de normas de rango legal contenidas en la LOACGR. Particularmente, se encuentra consagrada en el artículo 5 y 6 de la LOACGR, que otorgan exclusivamente al Contralor, a petición de parte, de jefaturas de Servicio o de otras autoridades (artículo 5 de la LOACGR) la atribución de informar sobre un conjunto amplio y genérico de materias "para los efectos de la correcta aplicación de las leyes y reglamentos que los rigen" (artículo 6°, inc. 1 de la LOACGR).

Quedan incluidas en ellas el "derecho a sueldos, gratificaciones, asignaciones, desahucios, pensiones de retiro, jubilaciones, monte-

---

[175] Esta materia fue objeto de propuestas de cambios en el último proceso constitucional. En efecto, el texto que fue sometido a plebiscito proponía: artículo 193 y 195. Este último establecía en el numeral sexto que: "El Contralor General interpretará, en forma obligatoria y vinculante para la Administración, la legislación administrativa sobre asuntos que se relacionen con el funcionamiento de los organismos y servicios públicos sujetos a su fiscalización. La ley determinará las bases del debido procedimiento para emitir los dictámenes e informes. Las actuaciones del Contralor General serán impugnables judicialmente a través de las acciones constitucionales y legales." https://www.procesoconstitucional.cl/wp-content/uploads/2023/11/Propuesta-Nueva-Constitucion.pdf

píos y, en general, sobre los asuntos que se relacionen con el Estatuto Administrativo, y con el funcionamiento de los Servicios Públicos sometidos a su fiscalización, para los efectos de la correcta aplicación de las leyes y reglamentos que los rigen" (artículo 6°, inc. 1 de la LOACGR). Asimismo, "le corresponderá informar sobre cualquier otro asunto que se relacione o pueda relacionarse con la inversión o compromiso de los fondos públicos, siempre que se susciten dudas para la correcta aplicación de las leyes respectivas" (artículo 6°, inc. 2 de la LOACGR).

El artículo 9 de la LOACGR consagra la facultad de emitir por escrito un informe, "a petición de cualquier Jefe de Oficina o de Servicio, acerca de todo asunto relacionado con los presupuestos; con la administración, recaudación, inversión o destinación de fondos, rentas o cualesquiera bienes de los indicados en el inciso 1° del artículo 7°; con la organización y funcionamiento de los Servicios Públicos; con las atribuciones y deberes de los empleados públicos, o con cualquiera otra materia en que la ley le dé intervención a la Contraloría." Agrega la norma que "Estos informes serán obligatorios para los funcionarios correspondientes, en el caso o casos concretos a que se refieran".

Así, las materias sobre las cuales puede dictaminar no son taxativas, sino por el contrario, la potestad se encuentra establecida de manera amplia y sin hacer referencia a la posibilidad de que sean privados quienes soliciten la emisión de un pronunciamiento, sin perjuicio de que la CGR ha abierto esa posibilidad[176].

b'. Límite al ejercicio de la potestad dictaminante

Un límite al ejercicio de la potestad dictaminante se encuentra previsto en el inciso 3 del artículo 6 de la LOACGR, según el cual la CGR no debe intervenir ni informar en aquellos asuntos que por su naturaleza sean propiamente de carácter litigioso o estén sometidos al conocimiento de los tribunales de justicia.

---

176 Dictamen N° 24.143, de 2015. Sobre Instrucciones de Consultas, cuyo apartado II se hace cargo de los requisitos que deben cumplir las presentaciones de particulares. Dentro de estos requisitos aparece, por ejemplo, "referirse a asuntos en los cuales tengan derechos o intereses específicos, individuales o colectivos".

Estas limitaciones han sido complejas en la práctica, desde que la amplitud de las mismas admite distintas interpretaciones. La misma CGR ha emitido pronunciamientos acerca de este punto.

Así, lo primero que se debe distinguir es que la inhibición se puede producir por existir una causa judicial pendiente o bien un asunto de naturaleza litigiosa.

En el primer grupo, la CGR ha entendido que se encuentran materias en actual conocimiento de los tribunales de justicia.

En cuanto al segundo grupo se ha incluido la existencia de un procedimiento administrativo pendiente o bien un asunto de contenido litigioso propiamente tal, como podría ser la procedencia de la obtención de una indemnización de perjuicios.

Asimismo, la CGR se inhibe de conocer aquellas controversias en las que ya existe sentencia con autoridad de cosa juzgada.

La determinación de cuándo el asunto es propiamente litigioso es lo que mayores dificultades ha generado. A modo de ejemplo, surgen dudas sobre cuándo se puede llevar al conocimiento de la CGR un asunto relacionado con contratos celebrados por las municipalidades o con concesiones municipales.

En materia de concesiones sobre bienes fiscales se ha descartado el conocimiento de la CGR[177]. Ello, desde que el Decreto N° 1939, "sobre adquisición, administración y disposición de bienes del Estado" establece expresamente que las controversias o reclamaciones que se produzcan con motivo de la interpretación o aplicación del contrato de concesión o a que dé lugar su ejecución, serán resueltas por un Tribunal Arbitral (artículo 63 del Decreto N° 1939).

Junto con la complejidad de determinar cuándo un asunto es de naturaleza litigiosa, se deben sumar otras interrogantes. Así, no se encuentra resuelto ni es claro cómo la CGR toma conocimiento de la existencia de un antecedente que pueda impedir su conocimiento de una determinada materia. Como práctica habitual, en la solicitud de informe a la Administración activa, la CGR precisa que se indique si la materia en cuestión ha sido objeto de una acción jurisdiccional. En la práctica la información dependerá exclusivamente de lo que el

---

177 Dictamen CGR N° E129.443, de 2021.

ente administrativo esté dispuesto a proporcionar, lo cual no parece ser el sistema más idóneo y fiel.

Por otra parte, y muy vinculado con lo anterior, tampoco resulta evidente cómo se debe solucionar la emisión de un dictamen por CGR cuando existía una causal de inhibición para el conocimiento de un determinado asunto. La CGR ha optado por dejar sin efecto el dictamen ya emitido[178].

Finalmente, resulta discutible que sea la misma CGR la que determine si se configura o no la causal de inhibición. Ciertamente, se trata de asuntos que requieren un mayor análisis y posiblemente desarrollo normativo para su efectivo tratamiento, asunto que excede a este trabajo.

c'. El carácter vinculante de los dictámenes

Los dictámenes tienen carácter obligatorio para aquellos funcionarios que están sujetos a la supervisión y al control de la CGR y, en lo que interesa, para los funcionarios municipales. Lo anterior se desprende de lo dispuesto en los artículos 51 y 52 de la LOCM, en relación con los artículos 9 y 19 de la LOACGR.

Este último, el artículo 19 de la LOACGR, consagra el deber de observancia que pesa sobre las instituciones sometidas al control de la CGR y de sus funcionarios respecto de las resoluciones emitidas por el órgano de control.

La Corte Suprema ha respaldado esta obligatoriedad en su jurisprudencia, indicando que los dictámenes tienen fuerza obligatoria para las municipalidades, en cuanto organismos sometidos al control de la CGR[179]. La CGR, por su parte, ha reiterado que sus dictámenes

---

178 Dictamen CGR N° 3.271, de 2016.

179 Corte de Apelaciones de Valparaíso, sentencia Rol N° 21.647-2020, confirmada por la Corte Suprema en Rol N° 88.413-2020, de 11 de agosto de 2020. En el mismo sentido, Corte de Apelaciones de Concepción, sentencia Rol N° 1.875-2011, confirmada por la Corte Suprema en Rol N° 1.701-2012, de 12 de marzo de 2012.

deben ser respetados por las municipalidades con arreglo a los artículos 5, 6 y 9 de la LOACGR[180].

El incumplimiento de los dictámenes podría conllevar a la infracción de los deberes de los funcionarios y a la consiguiente responsabilidad administrativa. Este último parece ser el efecto más relevante, desde que la CGR no cuenta con mecanismos para darle ejecución a sus dictámenes, asunto que al igual que la facultad de revisión del mérito, oportunidad y conveniencia de las decisiones de la Administración fue analizada en el marco de discusión de nuestra CPR[181]. Sin embargo, las facultades de la CGR para aplicar sanciones disciplinarias a los funcionarios municipales resultan muy limitadas y poco efectivas en la práctica.

Por último, los dictámenes de la CGR quedan sujetos al control judicial por la vía del recurso de protección[182] y de otras formas de control contencioso-administrativo[183].

c. Auditorías

Los artículos 21 A y 21 B de la LOACGR y la Resolución N° 10 de la CGR de 25 de mayo de 2021, regulan las auditorías.

Las auditorías consisten en un "examen crítico, sistemático y metodológico de programas, procesos, procedimientos, operaciones, actuaciones u otros con el objeto de velar por el cumplimiento de las

---

180 Dictámenes CGR N° s. 41.257 de 2017, 13.730 de 2018, E82937 de 2021, E113751 de 2021.

181 Iván Obando y Johann Allesch, "Una perspectiva histórica y comparada sobre la Contraloría General de la República de Chile", *Direito, estado e sociedade,* N° 46 (2015): 171, DOI: 10.17808/des.46.780.

182 En este sentido la Corte Suprema (rol N° 2.779-2019) ha dicho que "distinto es el control judicial de la función dictaminadora de la Contraloría General de la República, aspecto que no conduce a desconocer las potestades de las que se encuentra investido el órgano fiscalizador, sino a esclarecer si en el uso de tal facultad se ha incurrido en ilegalidades o arbitrariedades que conculcan alguna de las garantías del artículo 20 de la Constitución". También ha distinguido tipo de dictámenes: decisión, trámites e interpretativos, Corte Suprema, sentencia Rol N° 1.201-2013.

183 Reposición o revisión ante la misma CGR, acciones de nulidad de derecho público, entre otros.

normas jurídicas, el resguardo del patrimonio público y la probidad administrativa en los órganos sujetos a su fiscalización" (artículo 4 de la Resolución N° 10).

El límite impuesto por la ley al ejercicio de la potestad de auditar radica en que, en virtud de éstas, la CGR no puede evaluar los aspectos de mérito, oportunidad o de conveniencia de las decisiones políticas o administrativas (artículo 21 b) de la LOACGR y artículo 7 de la Resolución N° 10). Esta limitación se encuentra en armonía con los límites generales de la actuación de este ente de control.

Las auditorías constan de tres etapas. La primera, de planificación, que se propone determinar cuántas fiscalizaciones se llevarán a cabo en un año, dando prioridad a entidades y materias en función de los riesgos y procesos críticos identificados (artículo 13 de la Resolución N° 10). Esta etapa concluye con un Plan Operativo de Auditoría (artículo 14 de la Resolución N° 10).

Luego, una etapa de ejecución de actividades de fiscalización, que comienza normalmente con una reunión entre el equipo de auditoría y el servicio público, como podría ser la unidad municipal encargada de la materia objeto de la auditoría, prosigue con requerimientos de información, solicitudes de acceso a bases de datos, procedimientos definidos en el plan de auditoría y aquellos que resulten necesarios, de acuerdo con las circunstancias y el objetivo de la misma (artículo 23 de la Resolución N° 10). Una vez ejecutado el plan de auditoría se elabora un pre informe u oficio, según corresponda, con observaciones que deben ser respondidas. Éstas serán levantadas, subsanadas o mantenidas en un informe final. Hasta esta etapa, el contenido del pre-informe es confidencial y su contenido sólo es conocido por la CGR y por el destinatario del mismo.

Resueltas las observaciones del pre informe o transcurrido el plazo conferido sin que se resuelvan, la CGR emite un "Informe de Auditoría", con los principales hallazgos y conclusiones detectados y validados. Este informe es publicado y de él pueden emanar sumarios administrativos e, incluso, reparos que den lugar a juicios de cuentas.

La última etapa se denomina de seguimiento de las observaciones y apoyo al cumplimiento. En ella, la CGR verifica el cumplimiento de las instrucciones o medidas correctivas requeridas a la Municipalidad (artículo 44 de la Resolución N° 10) y pone a disposición de las mismas herramientas voluntarias y colaborativas tendientes a superar las debilidades de los procesos y controles detectadas durante la auditoría (artículo 45 de la Resolución N° 10).

IV. CONTROL CIUDADANO

El control ciudadano contribuye a una gestión efectiva y responsable por parte de las autoridades municipales, orientada hacia el bienestar y satisfacción de las necesidades de la comunidad a la que representan.

Este control se relaciona con la participación ciudadana y es fundamental en cuanto promueve una mayor transparencia y favorece la toma de decisiones en el ámbito local. A su vez, constituye una manifestación del derecho de las personas a participar con igualdad de oportunidades en la vida nacional (artículo 1 de la CPR) y en muchos de estos casos con el derecho a formular peticiones a la autoridad sobre cualquier asunto de interés público o privado (artículo 19 N° 14 de la CPR).

La participación se garantiza y materializa por medio de diferentes mecanismos.

a. Elección popular

La elección por la ciudadanía mediante votación del alcalde y de los concejales (artículo 57 de la LOCM) es relevante desde que determina quiénes serán las máximas autoridades comunales.

b. Plebiscitos comunales

Los ciudadanos de la comuna no solo votan por candidatos que representen sus valores y prioridades. También tienen garantizadas otras instancias de participación. Dentro de éstas destacan los plebiscitos comunales por cuanto son el único mecanismo de participación ciudadana comunal con un potencial efecto vinculante para las municipalidades[184]. En efecto, el resultado del plebiscito será vinculante

---

[184] Dictamen CGR N° E381858, de 17 de agosto de 2023. En el mismo sentido: Dictámenes CGR N° s. 16.506, de 2018, 67.597, de 2010 y 41.283, de 2008.

en la medida en que en él participe más del cincuenta por ciento de los ciudadanos habilitados para votar en la comuna (artículo 101 de la LOCM). Lo anterior, por supuesto, sin considerar la votación de alcaldes y concejales, cuyo resultado siempre es vinculante.

Los plebiscitos reconocidos en la CPR (artículos 5 y 118, inciso quinto de la CPR) y regulados por la LOCM (artículo 99 y siguientes de la LOCM) se pueden referir a cualquier materia de interés para la comunidad local, siempre que se enmarquen en el ámbito de la competencia municipal.

Éstos tienen la máxima relevancia desde el punto de vista del control ciudadano, dado que su convocatoria puede realizarse a requerimiento de la ciudadanía. Para estos efectos se requiere que al menos el 10% de los votantes de la última elección municipal, hasta el 31 de diciembre del año anterior, firmen la solicitud ante un notario público u oficial del Registro Civil. La acreditación de este porcentaje será certificada por el Director Regional del Servicio Electoral (artículo 100 de la LOCM).

c. Mecanismos previstos en la ordenanza de participación ciudadana

La ordenanza comunal de participación ciudadana es el instrumento jurídico que regula los mecanismos específicos de intervención popular en el debate de asuntos de interés local y en la adopción de decisiones (artículo 93 de la LOCM). La existencia y vigencia de la ordenanza comunal de participación ciudadana resulta obligatoria para la municipalidad.

En este sentido, las municipalidades pueden establecer y promover instancias de participación de la comunidad en sus respectivos territorios comunales, en la medida en que se relacionen a un interés local y que se enmarquen dentro de su competencia[185].

Dentro de los aspectos que debe tratar la ordenanza de participación ciudadana se encuentran las audiencias públicas, que permiten que el alcalde y el concejo conozcan asuntos de interés co-

---

185 Dictamen CGR N° 7.157, de 2020.

munal o propuestas presentadas por al menos cien ciudadanos de la comuna.

En comunas con menos de cinco mil habitantes, el concejo decidirá el número necesario de ciudadanos para solicitar una audiencia pública. Las solicitudes deben incluir firmas de respaldo, explicar la materia a tratar y designar hasta cinco representantes de los solicitantes para la audiencia (artículo 97 de la LOCM).

Facultativamente la ordenanza comunal de participación ciudadana puede incluir mecanismos tales como las consultas ciudadanas, presupuestos participativos u otros (artículo 93 de la LOCM). Los presupuestos participativos permiten que los habitantes de la comuna decidan en conjunto con sus autoridades locales el destino concreto en que se invertirán los recursos municipales. Con todo, estos mecanismos no son vinculantes para la municipalidad, con lo cual, basta con que sean considerados para la adopción de las decisiones que correspondan.

d. Cuenta pública

La comunidad local puede también ejercer control indirectamente al participar de la cuenta pública del alcalde. El alcalde está obligado a rendir cuenta pública a más tardar en el mes de abril de cada año, respecto de la marcha municipal del año calendario anterior. A ella debe, por ley, invitar a las principales organizaciones vecinales y funcionales y a las autoridades locales y regionales de mayor relevancia (artículo 67 de la LOCM).

Al asistir a la cuenta pública, la comunidad local tiene la posibilidad de conocer los principales asuntos de la municipalidad, lo que les permitirá, entre otros, realizar denuncias que mejoren la gestión administrativa.

e. Oficina de informaciones, reclamos y sugerencias

Cada municipalidad debe mantener una oficina de informaciones, reclamos y sugerencias abierta al público (artículo 98 de la LOCM). La ordenanza de participación ciudadana debe establecer un procedimiento público para el tratamiento de presentaciones o reclamos, con un plazo máximo de respuesta de treinta días.

La LOCM (artículo 98) consagra la publicidad de la información y documentos municipales. Asimismo, establece los antecedentes mínimos que deben encontrarse disponibles en aquella oficina, que incluyen el plan comunal de desarrollo, el presupuesto municipal, el plan de inversiones en infraestructura de movilidad y espacio público, en su caso, y el plan regulador comunal con sus correspondientes seccionales, incluyendo sus respectivos planos de detalle y las políticas específicas. Además, el reglamento interno, el reglamento de contrataciones y adquisiciones, la ordenanza de participación y todas las ordenanzas y resoluciones municipales. Por otro lado, los convenios, contratos y concesiones, así como también, las cuentas públicas de los alcaldes en los últimos tres años y los registros mensuales de gastos efectuados al menos en los últimos dos años.

El acceso de la ciudadanía a esta información crea, pues, un ambiente de mayor transparencia, y a la vez, posibilita la evaluación de la gestión de las autoridades municipales. Esto sin perjuicio del rol que cumple la Ley Nº 20.285, sobre Acceso a la Información Pública.

f. Denuncias o sugerencias de fiscalización

El artículo 15 de la Resolución Nº 10 de la CGR reconoce la participación ciudadana como mecanismo de control externo. Particularmente, habilita a las organizaciones de la sociedad civil, así como a cualquier persona o entidad a contribuir con el trabajo de la CGR mediante la presentación de denuncias o de sugerencias de fiscalización a las entidades o servicios sujetos a su control. Dichas presentaciones deben contener información específica, datos u otros antecedentes fidedignos que den cuenta de irregularidades o falencias de control. Las que sean consideradas pertinentes podrán ser integradas en las etapas de planificación o ejecución de auditorías[186].

---

186 Dictamen CGR Nº E428.343 de 2023.

V. CONCLUSIONES

1. Las municipalidades tienen un régimen de control tanto interno como externo. El control interno es realizado por el alcalde, por el concejo municipal y por la dirección de control municipal respectivamente. El control externo, por su parte, le corresponde a la CGR, a los tribunales de justicia y a la ciudadanía.
2. El alcalde tiene un rol relevante en cuanto a la organización interna, la provisión de cargos y la determinación de la responsabilidad administrativa de los funcionarios municipales. Siguiendo con el principio de jerarquía, es el alcalde como máxima autoridad quien debe determinar la sanción aplicable al funcionario municipal, incluso cuando el sumario ha sido llevado adelante por la CGR.
3. El concejo municipal ejerce el control por medio de las funciones resolutivas y fiscalizadoras que le ha encomendado la LOCM. El ejercicio de la función resolutiva del concejo se vincula principalmente con la exigencia de que el alcalde obtenga su autorización para la adopción de determinadas decisiones. También, con la elección del alcalde en casos de vacancia y el pronunciamiento respecto de los motivos de renuncia del alcalde, entre otros. Por su parte, la LOCM confiere al concejo un conjunto de potestades de fiscalización respecto del desempeño de la administración municipal y del alcalde.
4. En materia de control interno, la dirección de control ejerce una labor fundamental. Tanto es así, que la LOCM ha establecido normas especiales para la provisión del cargo de la jefatura de esta unidad. A la dirección de control le corresponde velar por la legalidad y gestión del actuar municipal y colaborar directamente con el concejo municipal en el ejercicio de sus potestades de fiscalización. Dentro de sus atribuciones, destaca la emisión trimestral de un informe sobre el avance del ejercicio programático presupuestario, la representación al alcalde de los actos municipales que estime ilegales y la firma del acta de traspaso.
5. El control administrativo externo compete principalmente a la CGR, que actúa a través de la potestad de emitir dictámenes y

a través de la potestad auditora, considerando que existe una regla de exención en cuanto a la toma de razón de la generalidad de los actos municipales. También resulta relevante la posibilidad de instruir y llevar adelante sumarios en contra de funcionarios municipales, aunque la decisión de la sanción a aplicar le corresponda al alcalde.

6. La CPR y la LOCM reconocen mecanismos de participación ciudadana que tienen una especial relevancia como herramienta de control municipal. Destaca la participación ciudadana que se ejerce a través del sufragio para la elección de alcaldes y concejales. Adicionalmente, los plebiscitos comunales, por tener un potencial efecto vinculante para las municipalidades. Esto lo distingue de otros mecanismos previstos en las respectivas ordenanzas de participación ciudadana. Finalmente, es destacable la posibilidad que le asiste a cualquier persona de colaborar con la función de control ejercida por la CGR mediante la presentación de denuncias o de sugerencias de fiscalización.

El reclamo de ilegalidad municipal

I. INTRODUCCIÓN

Al igual como ocurre con la generalidad de los actos administrativos, el control de la legalidad de los actos municipales se concreta por medio de diferentes mecanismos. Entre éstos, destaca el reclamo de ilegalidad municipal por ser la vía de impugnación especialmente establecida por la LOCM para controlar las resoluciones u omisiones del alcalde o de sus funcionarios que se estimen ilegales.

El reclamo de ilegalidad municipal se encuentra consagrado en el artículo 151 de la LOCM y ha sido descrito por la jurisprudencia como: [U]na acción contenciosa administrativa especial consagrada por nuestro legislador en términos amplios, con el objeto de controlar la legalidad de la actuación de los funcionarios municipales, razón por la que se concede para impugnar actos administrativos u omisiones en las que aquellos incurran [...][187].

Así, el reclamo de ilegalidad municipal constituye un instrumento de control de la actividad municipal establecido en favor de los particulares, respecto de las ilegalidades en las que pueda incurrir el alcalde o los funcionarios municipales. La doctrina lo ha calificado como una auténtica manifestación del principio de impugnabilidad de los actos administrativos[188]. Más aún, el reclamo de ilegalidad municipal podría ser considerado como un ejemplo de contencioso administrativo exitoso, considerando la doble instancia administrativa-judicial, los plazos establecidos en el mismo; y la amplitud de facultades que se confieren a la judicatura en los casos en que este reclamo es acogido.

---

187 Corte Suprema, sentencia Rol N° 6.832-2017, considerando sexto.

188 José Luis Lara Arroyo y Luis Eugenio García-Huidobro Herrera, "Aspectos fundamentales del reclamo de ilegalidad municipal", en "Administración territorial de Chile. Estudios sobre descentralización y desconcentración administrativas", coordinado por Gabriel Bocksang Hola y José Luis Lara Arroyo (Santiago: Thomson Reuters, 2015), 168.

II. ASPECTOS ESPECIALES DEL RECLAMO DE ILEGALIDAD MUNICIPAL

1. Objeto del reclamo de ilegalidad municipal

De acuerdo con el artículo 151 de la LOCM, son objeto de reclamo de ilegalidad las resoluciones u omisiones ilegales de la municipalidad, sea del alcalde o de sus funcionarios.

Así, es presupuesto indispensable para la procedencia del reclamo de ilegalidad municipal que el alcalde o sus funcionarios hayan dictado una resolución ilegal o hubieren omitido una actuación ordenada por la ley. Esta ilegalidad, tratándose de resoluciones, puede existir en relación a cualquiera de los elementos del acto administrativo: la competencia, la forma, el fin, los motivos o el objeto del acto[189].

Para efectos de determinar los alcances del concepto de resolución, debe estarse al artículo 12 de la LOCM que las define. Tal disposición incluye a las ordenanzas, los reglamentos municipales, los decretos alcaldicios y las instrucciones. Sin embargo, es importante considerar que el reclamo de ilegalidad municipal no se restringe a la existencia formal de uno de estos actos.

En efecto, más allá de la forma que adopte el acto o de su nomenclatura, lo relevante, y así emana de los criterios jurisprudenciales, es que exista un acto administrativo que contenga una decisión. Por lo mismo, para determinar si existe o no una actuación municipal susceptible de ser impugnada a través de un reclamo de ilegalidad municipal se debe considerar el contenido más que la denominación de un documento en particular. Así, por ejemplo, la Corte Suprema ha considerado procedente el reclamo en contra de oficios municipales al razonar que "en lo esencial, debe analizarse el contenido de la decisión municipal y los efectos derivados de ella para atender a la procedencia del recurso, no a la forma en que el mismo órgano municipal le otorgue"[190]. Por ende, un oficio, a pesar de no estar contemplado en el catálogo del artículo 12 de la LOCM, sí podría ser impugnado a través de un reclamo de ilegalidad municipal, en

---

[189] Corte Suprema, sentencia Rol N° 24.615-2014.

[190] Corte Suprema, sentencia Rol N° 29.610-2019, considerando décimo cuarto.

la medida en que por medio de dicho acto se hubiere adoptado una decisión administrativa.

En esta línea, la Corte Suprema, al acoger un recurso de casación en el fondo, consideró que "yerran los sentenciadores al desechar el reclamo intentado por estimar que en la especie se han impugnado meras comunicaciones, pues, por el contrario, la sola lectura de los actos censurados pone de manifiesto que se trata de verdaderos actos administrativos, en los términos en que éstos han sido definidos en el artículo 3 de la Ley N° 19.880"[191].

Por otra parte, es requisito indispensable para la procedencia de la impugnación que el acto municipal sea un acto administrativo terminal o bien un acto de mero trámite, en la medida que determine la imposibilidad de continuar un procedimiento o produzca indefensión, según lo establecido en el artículo 15 de la LBPA.

A su vez, el Máximo Tribunal ha resuelto que un acuerdo del Concejo Municipal no es susceptible de ser impugnado por medio de un reclamo de ilegalidad municipal, por tratarse de un acto de mero trámite. Respecto de éstos, la impugnación solo procede cuando determinen la imposibilidad de continuar un procedimiento o produzcan indefensión, no concurriendo estos requisitos tratándose del acuerdo del Concejo Municipal, pendiente de ser formalizado. De acuerdo con la sentencia, solo una vez dictado el Decreto correspondiente será posible impugnar la decisión municipal[192].

Por último, de acuerdo con la jurisprudencia, tampoco procede el reclamo de ilegalidad municipal ante la aplicación de las multas impuestas en el marco de un contrato administrativo. Se ha dicho que éstas "no son sanciones administrativas, siendo su imposición una consecuencia del ejercicio de un derecho contractual mas no de una potestad punitiva por parte de la Administración del Estado"[193]. La discusión en estos casos debe ser objeto de un juicio de lato conocimiento.

---

191 Corte Suprema, sentencia Rol N° 11.300-2022, considerando duodécimo.

192 Corte Suprema, sentencia Rol N° 160.766-2022.

193 Corte Suprema, sentencia Rol N° 104.997-2023, considerando sexto.

2. *Legitimación activa para la interposición del reclamo de ilegalidad municipal*

El artículo 151 de la LOCM establece con amplitud los legitimados activos para la interposición del reclamo de ilegalidad municipal, y contempla dos supuestos.

En su letra a), habilita a "cualquier particular" a la interposición de esta acción, la cual se dirigirá en contra de las resoluciones u omisiones del alcalde o de sus funcionarios que estime ilegales, en la medida que éstas afecten al interés general de la comuna. Así, la normativa no exige la invocación de un derecho subjetivo, bastando con la necesidad de tutelar un interés legítimo para su procedencia[194].

Pese a la holgura de este primer supuesto de legitimación activa, el reclamo de ilegalidad municipal no constituye una acción popular. La norma exige que el particular actúe en beneficio del interés general de la comuna, por lo cual, la pertenencia a la comunidad local es indispensable para presentar la acción.

En este ámbito, la doctrina y la jurisprudencia nacional se han valido de la teoría del círculo de intereses suficientes que supone "que la acción de que se trata puede ser interpuesta por cualquier particular que tenga relación, conexión o vinculación con la comunidad que es destinataria de la resolución recurrida o a la cual afecta la ausencia de actividad municipal"[195]. En otros términos, se ha exigido "una vinculación mínima entre quién acciona y el objeto del juicio, que está dada por un interés legítimo"[196]. En razón de lo anterior, para los fines de la letra a) del artículo 151 de la LOCM, formar parte de la "comunidad local" es el mínimo interés necesario para interponer el reclamo de ilegalidad por actos de contenido general[197]. Por ende, no es necesario residir en la comuna.

El segundo supuesto de legitimación activa se encuentra en el literal b) del artículo 151 de la LOCM, que dispone que "[E]l mismo reclamo podrán entablar ante el alcalde los particulares agraviados

---

194 Corte Suprema, sentencia Rol N° 39.015-2023, considerando décimo quinto.

195 Corte Suprema, sentencia Rol N° 39.015-2023, considerando décimo séptimo.

196 Corte Suprema, sentencia Rol N° 22.221-2018, considerando undécimo.

197 Corte Suprema, sentencia Rol N° 39.015-2023, considerando décimo séptimo.

por toda resolución u omisión de funcionarios, que estimen ilegales, dentro del plazo señalado en la letra anterior, contado desde la notificación administrativa de la resolución reclamada o desde el requerimiento, en el caso de las omisiones". Así, la norma reconoce al particular agraviado como titular de la acción, supuesto de legitimación activa bastante más restringido que el del literal anterior y que exige "que justifique un particular afectado las consideraciones concretas que los perjudique o afecte"[198].

Tradicionalmente, la jurisprudencia excluyó la posibilidad de que los funcionarios municipales pudieran ser considerados como "particulares agraviados" para efectos de la interposición del reclamo de ilegalidad municipal, entendiendo que la finalidad de la acción es precisamente evitar arbitrariedades de los funcionarios municipales en contra de particulares. Así, se sostuvo que la admisión de funcionarios municipales como legitimados activos para la interposición del reclamo de ilegalidad municipal supondría "desnaturalizar el reclamo o recurso de ilegalidad, permitiendo su utilización para fines ajenos a aquellos para los que está previsto en la disposición legal precitada, que no son otros que evitar agravios o arbitrariedades de funcionarios municipales en contra de particulares"[199].

Si bien la Excma. Corte Suprema en un primer momento rechazó la procedencia del reclamo de ilegalidad municipal deducido por funcionarios municipales —con algunas excepciones, como la sentencia de fecha 20 de julio de 2011, dictada en los autos rol CS Rol N° 6.461-2009—, luego existieron votos de minoría favorables[200] para, con posterioridad señalar, a propósito de una demanda de nulidad de derecho público por la sanción de destitución de un funcionario municipal, que "[...] conforme a lo antes señalado, y tal como se sostiene en la sentencia recurrida, la acción de nulidad de derecho

---

198 Corte Suprema, sentencia Rol N° 5.260-2021, considerando décimo tercero.

199 Corte Suprema, sentencia Rol N° 4.233-2019, considerando décimo quinto.

200 *V. gr.*, la disidencia del Ministro Muñoz y del Abogado Integrante Pallavicini en Corte Suprema, sentencia Rol N° 4.233-2019. En esa decisión señalaron los disidentes que, en su concepto, "*los funcionarios municipales pueden ejercer efectivamente la acción de reclamación de ilegalidad intentada en estos autos, de modo que los falladores del mérito yerran al acoger la excepción de falta de legitimación activa opuesta por la reclamada*".

público ejercida respecto del Decreto Alcaldicio ya individualizado, debió ejercerse de acuerdo al procedimiento que la ley contempló para este tipo de situaciones, el reclamo de ilegalidad municipal establecido en la Ley de Municipalidades y no interponerse una acción genérica de impugnación como la intentada"[201] determinando de esta forma que procede el reclamo de ilegalidad por funcionarios municipales.

Más recientemente, este tema se ha ido inclinando a favor de la posibilidad de que los funcionarios reclamen por esta vía. En sentencia de 4 de enero de 2023, la Corte Suprema invalidó de oficio lo resuelto por la Corte de Apelaciones de San Miguel y acogió un reclamo de ilegalidad municipal interpuesto por un funcionario al que se lo había cesado del cargo[202].

Por último, en este asunto la Excma. Corte Suprema dictó una sentencia que disipa y zanja la cuestión. Conociendo de un recurso de casación en el fondo el Máximo Tribunal resolvió que "a juicio de esta Corte, los funcionarios municipales, per se, no quedan excluidos de la posibilidad de ejercer la acción prevista en el artículo 151 letra b) toda vez que tal interpretación atenta contra el principio de tutela judicial efectiva, a través del cual, en última instancia, se cristaliza el derecho al debido proceso consagrado en el inciso quinto, del numeral 3° del artículo 19 de la Carta Fundamental"[203]. De acuerdo con la sentencia, "la vía de impugnación específica consagrada en el ordenamiento jurídico es la reclamación prevista en el artículo 151 de la Ley N° 18.695, sin que exista ninguna razón para privar del ejercicio de tal acción a una persona que es directamente agraviada por aquél, sólo por el hecho de ser un funcionario municipal"[204].

---

201 Corte Suprema, sentencia Rol N° 119.687-2020, considerando octavo.

202 Corte Suprema, sentencia Rol N° 39.898-2022.

203 Corte Suprema, sentencia Rol N° 5.911-2023, considerando séptimo.

204 Corte Suprema, sentencia Rol N° 5.911-2023, considerando octavo.

3. Cómputo de plazos para la interposición del reclamo de ilegalidad municipal

El cómputo de los plazos para la interposición del reclamo de ilegalidad municipal sigue las reglas que se expondrán a continuación.

a. Plazo para la interposición del reclamo de ilegalidad municipal ante el alcalde

La distinción entre los dos supuestos de legitimación es fundamental en la determinación del cómputo del plazo para la interposición del reclamo ante el alcalde. Este plazo es de treinta días.

Tratándose de resoluciones, si la acción es interpuesta amparándose en la afectación al interés general de la comuna, esto es, en el supuesto de la letra a) del artículo 151 de la LOCM, aquel plazo de treinta días debe contabilizarse desde la fecha de publicación del acto impugnado. Si es interpuesto, en cambio, por el particular agraviado en virtud de la letra b) del artículo 151 de la LOCM, el plazo de treinta días para la interposición del recurso se computará desde la notificación administrativa de la resolución que se reclama.

En el caso de las omisiones, el cómputo del plazo para la interposición del reclamo de ilegalidad municipal ante el alcalde se cuenta desde la certificación del Secretario Municipal de que la solicitud del interesado no ha sido resuelta dentro del plazo legal, por aplicación de la normativa del silencio negativo (artículo 65 de la LBPA).

El plazo para reclamar ante el alcalde es de días hábiles administrativos, de modo que se considera de lunes a viernes y se excluyen los sábados, domingos y festivos (artículo 153 de la LOCM, en relación al artículo 25 de LBPA).

b. Plazo de la municipalidad para responder

Desde la fecha de la recepción del reclamo de ilegalidad en la municipalidad, el alcalde tiene un plazo de quince días para emitir pronunciamiento en que acoja o rechace explícitamente el reclamo. A su vez, de acuerdo con el artículo 151, letra c) de la LOCM, "se considerará rechazado el reclamo si el alcalde no se pronunciare dentro del término de quince días, contado desde la fecha de su recepción en la municipalidad".

El cómputo del plazo debe excluir los días sábados, los domingos y los festivos, que se entienden inhábiles, por cuanto se trata de un plazo que se origina en un procedimiento administrativo al que le es aplicable la LBPA[205].

c. Plazo para reclamar ante la Corte de Apelaciones

De acuerdo con el artículo 151, letra d) de la LOCM, en caso de que el reclamo sea rechazado expresamente o que se considere rechazado porque el alcalde no se pronunció dentro del término de quince días desde su recepción, quien lo interpuso puede reclamar ante la Corte de Apelaciones respectiva dentro del plazo de quince días.

Este tiempo —al igual que el cómputo del plazo para la interposición del reclamo y del plazo que tiene el alcalde para resolver— debe contabilizarse de acuerdo a lo establecido en el artículo 25 de la LBPA, es decir, de lunes a viernes, excluyendo los sábados, domingos y festivos. Así lo ha resuelto la uniforme jurisprudencia reciente de la Corte Suprema[206], determinando que "la resolución reclamada tiene el carácter de un acto administrativo y su notificación es parte de un procedimiento de tal naturaleza, razón por la cual resulta obligatorio, para efectos de computar el plazo para recurrir a la Corte de Apelaciones respectiva, acudir a lo establecido en este último texto legal, pues sólo a partir de la primera resolución que se pronuncie sobre la admisibilidad de la reclamación el proceso se tornará en judicial"[207].

Asimismo, el inicio del cómputo de los quince días para reclamar ante la Corte de Apelaciones dependerá de si el rechazo del alcalde

---

[205] Corte Suprema, sentencia Rol N° 139.592-2022, considerando quinto.

[206] Entre muchas otras, Corte Suprema, sentencia Rol N° 13.393-2022. El mismo criterio ha sido utilizado en materia de contenciosos de nulidad de aguas y energía.

[207] Corte Suprema, sentencia Rol N° 13.393-2022, considerando tercero.

es expreso o bien de si se entiende rechazado el reclamo de ilegalidad municipal por falta de pronunciamiento.

En el primer caso, los quince días para reclamar ante la Corte de Apelaciones respectiva iniciarán desde que se notifica la resolución del alcalde que rechaza el reclamo, sea personalmente o por cédula. En cambio, en caso de rechazo tácito, el plazo de quince días comenzará a computarse desde el vencimiento del plazo en que el alcalde debía pronunciarse. En este caso, el cómputo no quedará sujeto a la certificación del Secretario Municipal[208], sin perjuicio de que esta certificación deba solicitarse y acompañarse al proceso una vez emitido.

4. Contenido del reclamo de ilegalidad

a. En sede administrativa

De acuerdo con el artículo 151, letra d) de la LOCM, "[...] [E]l reclamante señalará en su escrito, con precisión, el acto u omisión objeto del reclamo, la norma legal que se supone infringida, la forma como se ha producido la infracción y, finalmente, cuando procediere, las razones por las cuales el acto u omisión le perjudican".

De la lectura de la disposición resulta evidente que el legislador ha exigido un alto estándar de rigurosidad formal para la interposición del reclamo, lo que se explica teniendo en consideración que los actos de las municipalidades en cuanto órganos de la Administración del Estado gozan de presunción de legalidad y que es el particular quien tiene la carga de desvirtuarla[209].

---

208 Así, de acuerdo con la jurisprudencia de la Corte Suprema "*el término para interponer el reclamo de ilegalidad en sede jurisdiccional se cuenta desde el vencimiento de los 15 días de interpuesto el reclamo y no está sujeto en su inicio a la expedición del certificado por parte del Secretario Municipal, el que sólo constata la circunstancia de haber transcurrido el plazo de 15 días sin que haya mediado pronunciamiento del Alcalde, razón por la cual, vencido éste último sin una decisión de la entidad edilicia, comienza a calcularse el término correspondiente para recurrir ante la Corte de Apelaciones respectiva*", en: Corte Suprema, sentencia Rol Nº 19.182-2018, considerando quinto.

209 En esta línea se ha pronunciado la jurisprudencia: "*que, la precisión que se requiere del reclamo se justifica porque éste implica la revisión extraordinaria de la legalidad de un determinado acto de la administración, siendo dable recordar que esto es excepcional*

Lo anterior exige indicar con exactitud cuál es el acto u omisión que es objeto del reclamo, cuáles son las normas precisas —de rango legal[210]— que han sido infringidas y la forma en cómo se ha producido aquella infracción en el supuesto de hecho que se denuncia.

b. En sede judicial

En lo que respecta a la identificación del acto u omisión objeto del reclamo en sede judicial, es necesario realizar ciertas distinciones. Si la municipalidad no ha emitido pronunciamiento alguno, y, por tanto, ha operado el silencio administrativo, el acto a impugnar será aquel que fue objeto del reclamo en sede administrativa. La situación se torna más compleja cuando existe un acto formal de rechazo del reclamo de ilegalidad. En estos casos, lo más adecuado es interponer el recurso contra la resolución que rechace expresamente el reclamo de ilegalidad municipal en sede administrativa, así como contra la resolución u omisión que motivó dicha reclamación.

De todos modos, cabe tener presente que de acuerdo con la jurisprudencia de la Corte Suprema la impugnación de ambos actos no resulta indispensable, pues la recta aplicación del principio de impugnabilidad de los actos administrativos conduce a que resulte "indiferente que la impugnación se dirija contra el acto administrativo que resuelve el recurso administrativo, el acto original objeto de dicho reclamo, o contra ambos a la vez, entendiéndose por lo tanto que el juez que conoce de la acción resolverá el asunto de fondo referido al acto administrativo original"[211].

---

y afecta la presunción de legalidad, imperio y exigibilidad de los actos administrativos, según dispone el artículo 3° de la Ley 19.880, presunción de legalidad que altera la carga de la prueba y que, por ende, exige que quien reclama la ilegalidad de un acto administrativo, debe probarla", en: Corte de Apelaciones de Valparaíso, sentencia Rol N° 1.879-2009, considerando segundo.

210 Sobre esto, la Corte de Apelaciones de Santiago ha rechazado que la antijuridicidad denunciada pueda consistir en la infracción de una norma reglamentaria para el caso concreto (ordenanza municipal), pues aquella no goza de rango legal, que es requisito de la acción según el artículo 151 de la LOCM (Corte de Apelaciones de Santiago, sentencia Rol Contencioso Administrativo 302-2022, considerando sexto).

211 Corte Suprema, sentencia Rol N° 8.737-2018, considerando noveno.

5. Agotamiento de la vía administrativa

El reclamo de ilegalidad municipal se caracteriza por tener dos etapas. La primera, una etapa administrativa ante el alcalde. La segunda, de conocimiento de la Corte de Apelaciones respectiva.

La LOCM confiere al alcalde la posibilidad de enmendar una posible ilegalidad incurrida mediante una resolución u omisión suya o de sus funcionarios, no siendo posible interponer el reclamo de ilegalidad municipal ante la Corte de Apelaciones sin antes agotar la vía administrativa. Este agotamiento de la vía administrativa puede tener lugar, ya sea por el rechazo del alcalde o bien por su silencio[212].

Por ende, la reclamación debe presentarse primeramente contra el alcalde de la comuna respectiva, y solo una vez que aquel recurso sea rechazado expresa o tácitamente, procederá la reclamación judicial[213].

6. Tramitación del reclamo en la Corte de Apelaciones

En cuanto a la tramitación del reclamo de ilegalidad ante la Corte de Apelaciones, ésta sigue las reglas contenidas en los literales e), f) y g) del artículo 151 de la LOCM.

---

212 Se trata de uno de los pocos casos de agotamiento de la vía administrativa en el ordenamiento jurídico chileno. Algunos ejemplos con citados por Ferrada Bórquez: "[...] reclamo de ilegalidad regional (artículo 108 de la Ley orgánica constitucional de gobiernos regionales), el reclamo contra el acto que imponga sanciones administrativas por la Superintendencia de Electricidad y Combustibles (artículo 18 ss. de la Ley N° 18.410 que crea la Superintendencia de Electricidad y Combustibles) o la impugnación de la decisión administrativa que establece el secreto o reserva de documentos (artículos 24 y 28 de la Ley N° 20.285: sobre Acceso a la información pública), por nombrar sólo algunos casos, el legislador ha dispuesto precisamente que la vía judicial ante el tribunal correspondiente —Corte de Apelaciones, en la mayoría de los casos— sólo es admisible una vez resuelta la impugnación administrativa por el jefe superior del Servicio o el órgano competente, fecha desde la cual se cuenta precisamente el plazo para impugnar judicialmente el acto." Juan Carlos Ferrada Bórquez, "Los procesos administrativos en el Derecho Chileno", *Revista de Derecho de la Pontificia Universidad Católica de Valparaíso* XXXVI (2011): 256. http://dx.doi.org/10.4067/S0718-68512011000100007.

213 Corte Suprema, sentencia Rol N° 161.164-2022, considerando décimo.

a. Orden de no innovar

La primera regla, contenida en el artículo 151, letra e) de la LOCM consiste en que "la corte podrá decretar orden de no innovar cuando la ejecución del acto impugnado le produzca un daño irreparable al recurrente".

En efecto, la sola interposición del reclamo no suspende los efectos de la resolución recurrida, sino que se requiere de una declaración expresa al efecto por parte de la Corte de Apelaciones respectiva en orden a paralizar sus efectos o su cumplimiento, orden que se decretará en cuenta por la sala respectiva.

Así, la orden de no innovar constituye una verdadera excepción a la inmediata ejecutoriedad de la que gozan los actos administrativos (artículo 3 de la LBPA) que debe justificarse en razón del daño irreparable que la ejecución del acto produce al reclamante.

b. Traslado al alcalde y eventual término probatorio

Luego de interpuesto el reclamo ante la Corte de Apelaciones, y conforme con el artículo 151, letra f) de la LOCM, "la corte dará traslado al alcalde por el término de diez días". Y agrega que "evacuado el traslado o teniéndosele por evacuado en rebeldía, la corte podrá abrir un término de prueba, si así lo estima necesario, el que se regirá por las reglas de los incidentes que contempla el Código de Procedimiento Civil".

Por consiguiente, se concede al alcalde un plazo de diez días para presentar un informe[214]. Con independencia de su respuesta o de la falta de ésta, una vez transcurrido este plazo la Corte de Apelaciones que conoce del reclamo puede decidir la apertura de un período de prueba.

Respecto de una posible etapa probatoria ha resuelto el Máximo Tribunal que [L]a recepción del reclamo a prueba constituye, en este procedimiento de revisión de legalidad del obrar de los órganos

---

214 Como se señaló anteriormente, desde la asignación de rol a la causa el asunto pasa a poseer una naturaleza judicial, y por ende sus plazos se encontrarán en lo sucesivo regidos por las normas del Código de Procedimiento Civil y no ya por los de la LBPA.

administrativos municipales, una etapa procesal meramente eventual, cuya procedencia queda entregada a la apreciación y decisión fundada de los jueces del grado, no pudiendo ser calificado como un trámite o diligencia declarada como esencial por la ley, o una etapa procesal cuyo defecto las leyes prevengan expresamente que hay nulidad, en los términos exigidos en la causal esgrimida por los actores[215].

La apertura del término probatorio en el reclamo de ilegalidad municipal consiste en una potestad discrecional de la Corte de Apelaciones que conoce del mismo y está sujeta a la existencia de hechos pertinentes, sustanciales y controvertidos que requieran ser probados. Obviamente, la ilegalidad en sí misma no es un hecho que pueda probarse, aunque es usual que los tribunales fijen como punto de prueba las "circunstancia" y "antecedentes" en que dicha antijuridicidad se funda.

De conformidad con la LOCM, la prueba en el reclamo de ilegalidad municipal se rige por las reglas de los incidentes del Código de Procedimiento Civil.

c. Informe del fiscal judicial, autos en relación y vista de la causa

Una vez concluido el término probatorio, el fiscal judicial participa en el procedimiento emitiendo un informe. El informe del fiscal judicial no es vinculante para la sala que está conociendo del asunto, con lo cual, ésta podría resolver en un sentido contrario.

A continuación, la Corte ordena traer los autos en relación y la causa es agregada extraordinariamente a la tabla. Su vista gozará de preferencia.

d. Sentencia de la Corte de Apelaciones

La ley confiere a la Corte de Apelaciones la autoridad para adoptar medidas eficaces en caso de que dé lugar al reclamo de ilegalidad municipal.

---

215 Corte Suprema, sentencia Rol Nº 89.236-2021, considerando quinto.

De acuerdo con el artículo 151 de la LOCM, en su letra h), "[l] a corte, en su sentencia, si da lugar al reclamo, decidirá u ordenará, según sea procedente, la anulación total o parcial del acto impugnado; la dictación de la resolución que corresponda para subsanar la omisión o reemplazar la resolución anulada; la declaración del derecho a los perjuicios, cuando se hubieren solicitado, y el envío de los antecedentes al Ministerio Público, cuando estimare que la infracción pudiere ser constitutiva de delito".

Así, junto con la anulación total o parcial del acto impugnado, la Corte de Apelaciones podría sustituir directamente a la Administración adoptando la decisión que sea conforme a derecho, o bien, optar por anular el acto y luego requerir a la administración que emita un nuevo acto en su reemplazo. Son diferentes posibilidades establecidas por el legislador y cuya aplicación quedará a criterio de la sala que conoce del asunto.

Se trata de uno de los pocos casos en que el legislador ha tomado posición en una discusión muy antigua consistente en si en el contencioso de nulidad, puede el juez reemplazar a la Administración una vez anulado el acto o si su labor se agota en la invalidación. El legislador chileno de forma expresa permite en sede de ilegalidad municipal que el juez dicte la resolución que corresponda conforme a derecho.

En cuanto a la procedencia del derecho a obtener una indemnización, la Corte de Apelaciones la declarará en la medida en que se hubiere solicitado. Es importante destacar que la declaración de ilegalidad no siempre es conducente al derecho a recibir una compensación. Para su procedencia se requiere que el reclamante señale en su escrito "las razones por las cuales el acto u omisión le perjudican" (artículo 151, letra d) de la LOCM) y que acredite una falta de servicio[216].

En esta línea, la Corte Suprema ha sostenido que "una medida ilegal susceptible de anulación no da siempre derecho a reparación, lo que resulta evidente por ejemplo tratándose de ilegalidades de

---

216 Corte Suprema, sentencia Rol N° 10-2023, considerando duodécimo. En el mismo sentido: Corte Suprema, sentencia Rol N° 134.212-2020, considerando quinto.

forma, o de incompetencia cuando la misma medida hubiere podido ser adoptada por una autoridad competente”[217].

En caso de que la Corte declare la procedencia de la indemnización, la cuantía y naturaleza de los perjuicios será determinada en un juicio sumario posterior. Para estos efectos, el interesado debe interponer una demanda ante los tribunales ordinarios de justicia. En esta instancia no podrá discutirse acerca de la ilegalidad ya declarada (artículo 151, letra i) de la LOCM) sino que “la prueba sólo debe girar en torno a la naturaleza y monto, partiendo de la base que aquellos existen, ya que así debe haberse acreditado en el juicio de reclamación”[218].

Por último, la Corte de Apelaciones puede disponer el envío de los antecedentes al Ministerio Público cuando estimare que la infracción pudiere ser constitutiva de delito. En el marco de la investigación no corresponderá discutir la ilegalidad ya declarada.

7. *Recursos procedentes en contra de la sentencia de la Corte de Apelaciones*

Aunque el artículo 151 de la LOCM no hace mención específica a los recursos que proceden contra la sentencia de la Corte de Apelaciones que acoge o rechaza un reclamo de ilegalidad municipal, sí existen criterios jurisprudenciales claros en esta materia.

Por una parte, en repetidas oportunidades la Corte Suprema ha enfatizado en que no es un tribunal de segunda instancia, y que, por lo tanto, sólo conocerá de los recursos de apelación para los cuales la ley le otorgue competencia explícita. Dado que no existe norma expresa que establezca la procedencia del recurso de apelación en contra de la sentencia que resuelve el reclamo de ilegalidad municipal, aquellos son declarados inadmisibles por la Corte Suprema[219]. Se

---

217 Corte Suprema, sentencia Rol N° 10-2023, considerando duodécimo.

218 Corte Suprema, sentencia Rol N° 10-2023, considerando décimo tercero.

219 “*Que la Corte Suprema no es un tribunal de apelación y sólo en forma excepcional le corresponde conocer en segunda instancia, en aquellos casos en que la ley le otorga dicha competencia, cuyo no es el de autos.*
Por estas consideraciones y lo dispuesto en el artículo 98 del Código Orgánico de Tribunales, se declara inadmisible el recurso de apelación interpuesto por el reclamante, mediante

entiende, entonces, que el conocimiento de los reclamos de ilegalidad por las cortes de apelaciones lo es en única instancia.

Tampoco procede el recurso de queja, desde que el artículo 545 del Código Orgánico de Tribunales sólo franquea esa vía de impugnación cuando la sentencia definitiva no es susceptible de ningún recurso, ordinario ni extraordinario.

Por el contrario, sí resultan procedentes los recursos de casación en la forma y en el fondo en contra de la sentencia que resuelve el reclamo de ilegalidad municipal.

En cuanto a la casación en la forma, esta es procedente de conformidad con el artículo 766 del Código de Procedimiento Civil, por tratarse de una sentencia dictada en una reclamación regida por la LOCM, que es una ley especial.

Por mandato del artículo 768 del Código de Procedimiento Civil, la casación en la forma respecto de la sentencia que se pronuncia sobre el reclamo de ilegalidad solo podría fundarse en alguna de las causales indicadas en los números 1, 2, 3, 4, 6, 7 y 8 de aquella norma y también en el número 5 cuando se haya omitido en la sentencia la decisión del asunto controvertido.

Es decir, el recurso de casación en la forma en contra la sentencia de la Corte de Apelaciones que resuelve el reclamo de ilegalidad municipal procede únicamente ante defectos de competencia o integración de la Corte; por haberse visto afectada la imparcialidad de uno de los ministros que concurren a la decisión; ante la afectación a las normas acerca de los acuerdos que rigen para los tribunales colegiados; en caso de que la sentencia hubiere incurrido en *ultra petita*; si hubiere sido dada contra otra pasada en autoridad de cosa juzgada que hubiere sido alegada oportunamente en el procedimiento de reclamación; por contener decisiones contradictorias, o

la presentación de cinco de enero del año en curso, en contra de la sentencia definitiva de treinta de diciembre del año dos mil veintiuno, pronunciada por la Corte de Apelaciones de Rancagua", en: Corte Suprema, sentencia Rol N° 1.553-2022. En el mismo sentido: sentencia Rol N° 3.513-2022, del 29 de junio de 2022.

bien, cuando la sentencia hubiera omitido la decisión sobre el asunto controvertido[220].

En razón de lo anterior, la casación en la forma sustentada en las causales del artículo 768 Nº 5 (haberse omitido alguno de los requisitos de la sentencia, salvo la decisión del asunto controvertido) o 768 Nº 9 (haberse omitido un trámite o diligencia esencial o algún otro requisito que acarree la nulidad)[221] no prosperará en el reclamo de ilegalidad municipal.

En cuanto al recurso de casación en el fondo, éste procederá de conformidad con el artículo 767 del Código de Procedimiento Civil, por interponerse en contra de una sentencia definitiva inapelable dictada por una Corte de Apelaciones, y en la medida en que se haya pronunciado con infracción de ley que hubiere influido sustancialmente en lo dispositivo del fallo.

8. *Compatibilidad del reclamo de ilegalidad municipal con otras acciones*

Cuando se trata de impugnar decisiones municipales, es importante considerar la compatibilidad de las diferentes acciones disponibles para determinar cuál es la vía más adecuada, o bien, si la interposición de un determinado recurso excluye el reclamo de ilegalidad municipal, o viceversa.

a. Compatibilidad del reclamo de ilegalidad municipal con los recursos administrativos ordinarios

Para estos efectos se debe recurrir al artículo 54 de la LBPA, que contiene varias reglas. En lo que interesa, es perfectamente válido que en contra de una decisión de la municipalidad se presente un

---

220 De acuerdo con la jurisprudencia la omisión de la decisión sobre el asunto controvertido "*se ha de producir únicamente cuando la sentencia no contenga pronunciamiento respecto de la declaración de dar o no lugar al reclamo y la decisión, según sea procedente, respecto de la anulación total o parcial del acto impugnado*", en: Corte Suprema, sentencia Rol Nº 15.253-2018, considerando sexto.

221 Por ejemplo, que no se haya recibido la causa a prueba, o que no se haya notificado el decreto de autos en relación por el estado.

recurso administrativo de reposición. Lo anterior, pues el agotamiento de la vía administrativa es un derecho público subjetivo que depende —salvo disposición legal en contrario— de una decisión del administrado.

En este sentido, lo relevante son los plazos de impugnación. Así, sería posible presentar un recurso de reposición y si el mismo no es resuelto desistirse y presentar un reclamo de ilegalidad municipal. Ello con el propósito de que no existan dos reclamaciones sobre lo mismo y que eventualmente pueda dar lugar a dos resoluciones diferentes: la que resuelva del recurso de reposición y la que resuelva el reclamo de ilegalidad en sede administrativa.

Finalmente, también es posible presentar un reclamo de ilegalidad municipal en contra de la resolución municipal que se pronuncie sobre un recurso de reposición interpuesto previamente.

b. Compatibilidad del reclamo de ilegalidad municipal con la acción de nulidad de derecho público

De acuerdo con la jurisprudencia de la Corte Suprema, el reclamo de ilegalidad municipal es una acción contenciosa administrativa de nulidad de derecho público determinada por la ley.

El Máximo Tribunal arguye que los artículos 6 y 7 de la CPR contienen un principio fundamental de legalidad que guía las acciones de la Administración y que permite recurrir ante los tribunales de justicia para impugnar y anular los actos administrativos que sean contrarios a derecho. Sin embargo, de acuerdo con su jurisprudencia, estos preceptos no contienen una acción procesal específica de nulidad de derecho público propiamente tal[222].

---

222 "*Que los artículos 6° y 7° de la Carta Política no consagran una determinada acción procesal encaminada a conseguir la anulación de los actos administrativos. Lo que configuran es el aforismo de legalidad que rige la actuación de la Administración, que lleva necesariamente adjunta la posibilidad de recurrir ante los tribunales de justicia para lograr la anulación de los actos contrarios a derecho. La denominada "acción de derecho público" por la doctrina y aceptada por la jurisprudencia, es entonces toda acción contenciosa administrativa dedicada a obtener por parte de un tribunal de la República la anulación de un acto administrativo*", en: Corte Suprema, sentencia Rol N° 22.308-2021, considerando quinto.

En los últimos años se ha observado una tendencia hacia la priorización de las acciones especiales de nulidad contempladas en nuestro sistema legal. En este sentido, serán acciones contenciosas de nulidad todas aquellas contenidas en leyes especiales cuyo objeto preciso sea la anulación de los actos administrativos por razones de juridicidad, entre las cuales se encuentra el reclamo de ilegalidad municipal.

En este contexto, la aplicación del principio de especialidad dicta que el reclamo de ilegalidad municipal tenga preeminencia sobre la acción para perseguir la nulidad seguida en juicio ordinario. Así, la acción de nulidad de derecho público actúa de manera supletoria únicamente en aquellos casos en los que el legislador no haya previsto una acción especial.

Como consecuencia, y en lo que interesa, la acción de nulidad de derecho público no debiese proceder respecto de actos u omisiones susceptibles de ser impugnados mediante un reclamo de ilegalidad municipal, dado que éste último se constituye como el mecanismo específico de control de los actos u omisiones ilegales de la municipalidad. En consecuencia, prevalece el reclamo de ilegalidad municipal, excluyéndose la acción de nulidad de derecho público.

c. Compatibilidad del reclamo de ilegalidad municipal con el recurso de protección

De acuerdo con el artículo 20 de la CPR, la interposición del recurso de protección es sin perjuicio de los demás derechos que pueda hacer valer ante la autoridad o los tribunales correspondientes aquel que hubiere sufrido la privación, perturbación o amenaza en sus derechos constitucionales a causa de actos u omisiones arbitrarios o ilegales.

Así, es el propio texto constitucional que permite el ejercicio de distintas vías de impugnación, con lo cual, la acción de protección y el reclamo de ilegalidad municipal no debiesen ser por sí mismas acciones incompatibles en su ejercicio.

En la práctica, sin embargo, alguna jurisprudencia de la Corte Suprema ha resuelto que la acción de protección no es vía idónea para impugnar las actuaciones municipales, debiendo procederse mediante reclamo de ilegalidad municipal[223], salvo que se trate de situaciones evidentes de afectación de derechos fundamentales, por sobre asuntos de nulidad de decisiones por ilegalidad (ausencia de notificación de decisiones, no conceder audiencia en procedimientos de invalidación, etc.).

En suma, si el asunto es una discusión de fondo acerca de la ilegalidad de un acto administrativo, debe preferirse siempre el reclamo de ilegalidad municipal por sobre otros remedios previstos por el ordenamiento nacional, por ser la vía contenciosa de reclamación creada específicamente para ello.

d. Compatibilidad del reclamo de ilegalidad municipal con el recurso de reclamación de la LGUC

De acuerdo con la jurisprudencia de la Corte Suprema, los actos del Director de Obras Municipales son susceptibles de ser impugnados mediante una doble vía, a elección del reclamante. Por una parte, es procedente la acción administrativa prevista en los artículos 12 y 118 de la LGUC, por tener el Director de Obras Municipales dependencia técnica de la Secretaría Regional correspondiente al Ministerio de Vivienda y Urbanismo.

Por otra parte, el reclamante puede optar por interponer un reclamo de ilegalidad municipal, dada la condición de funcionario municipal del Director de Obras, respecto de quien el alcalde es su superior jerárquico.

En consecuencia, ninguna de las dos autoridades podría negarse a conocer de la acción deducida[224].

---

223 Por ejemplo, la resolución de inadmisibilidad dictada en los autos Rol Protección-101.508-2022, confirmada por Corte Suprema, sentencia Rol N° 98.987-2022: "*de los hechos expuestos en la presentación, en relación con lo dispuesto en el artículo 20 de la Constitución Política de la República, se colige que la acción impetrada no reúne los requisitos que permitan declarar su admisibilidad, toda vez que no resulta ser la vía idónea al efecto, pudiendo ejercer sus derechos a través de los mecanismos que contempla la Ley N° 18.695*".

224 Corte Suprema, sentencia Rol N° 7338-2018, considerando décimo octavo.

III. CONCLUSIONES

1. El reclamo de ilegalidad municipal constituye una forma de ejercicio de control de legalidad externo, desde que permite que un organismo distinto de la municipalidad —la Corte de Apelaciones y, en su caso, la Corte Suprema— anule una resolución u omisión que resulta contraria al ordenamiento jurídico.
2. En cuanto contencioso especial que es, y de acuerdo a la más reciente jurisprudencia judicial, el reclamo de ilegalidad municipal desplaza a la acción de nulidad de derecho público como mecanismo de anulación de la actividad administrativa. Sin embargo, es perfectamente compatible, en ciertos casos, con el ejercicio de la acción de protección y con otros mecanismos de impugnación de naturaleza administrativa.
3. El reclamo de ilegalidad municipal, consagrado en el artículo 151 de la LOCM, es un procedimiento contencioso administrativo de nulidad, por cuanto resulta posible que la judicatura prive de efectos a un acto u omisión municipal, por ilegal. Por otro lado, el tribunal que conozca podrá declarar que proceden los perjuicios, cuya naturaleza y monto deben ser discutidos luego en un procedimiento sumario.
4. Una de sus particularidades en cuanto contencioso de nulidad consiste en que el legislador ha permitido expresamente a los tribunales el dictar la resolución que corresponda para "subsanar la omisión o reemplazar la resolución anulada", cuestión poco común respecto de los contenciosos administrativos chilenos, en que la labor judicial se ve restringida a la mera declaración de la ilegalidad, sin que le sea permitido "reemplazar" al órgano administrativo para la decisión de fondo del asunto.
5. De acuerdo con las decisiones jurisprudenciales recientes, la Corte Suprema es del parecer de que el plazo para reclamar ante la Corte de Apelaciones respectiva se rige por la LBPA. En consecuencia, se trata de un plazo de días administrativos, que se suspende los sábados, domingos y festivos. Asimismo, que se computa desde la notificación del rechazo o desde que haya transcurrido el plazo para que el alcalde se pronuncie en sede administrativa.

6. Dado que la Corte de Apelaciones conoce del asunto en única instancia, no resulta procedente el recurso de apelación para ante la Corte Suprema en contra de la sentencia que resuelve el asunto. Tampoco resulta pertinente el recurso de queja, regulado en el Código Orgánico de Tribunales. Por el contrario, sí proceden en contra de la sentencia los recursos de casación en la forma y en el fondo, aunque, respecto del primero, sólo por algunas de las causales del artículo 768 del Código de Procedimiento Civil, por tratarse de un procedimiento especial.
7. En suma, atendida la inmensa cantidad y variedad de competencia que la ley ha otorgado a las municipalidades, el reclamo de ilegalidad municipal ha adoptado un rol cada vez más importante como procedimiento contencioso administrativo, siendo utilizado en materias tan disímiles como rentas municipales, urbanismo, procedimientos disciplinarios y contratación pública.

Responsabilidad municipal

I. INTRODUCCIÓN

Cuando se hace referencia a la responsabilidad en sede municipal y al igual como ocurre con la responsabilidad de la Administración del Estado en general, se debe distinguir la responsabilidad de la persona jurídica del municipio de las responsabilidades que pueden recaer sobre sus principales órganos o funcionarios.

Los funcionarios municipales pueden ser sujetos a la responsabilidad civil, penal y administrativa. Cada una de estas responsabilidades es independiente de la otra, tal como lo consagra el artículo 119 del EAFM.

Adicionalmente, la doctrina nacional incluye la responsabilidad política como un cuarto tipo[225]. Aunque ésta última no atañe estrictamente a los funcionarios municipales, ni al alcalde ni a los concejales, podría sostenerse que la medida de destitución que rige para los funcionarios municipales por infracción grave al principio de probidad administrativa (artículo 123 del EAFM) en algo resulta asimilable a la responsabilidad política. De la misma manera, la causal de notable abandono de deberes como motivo de destitución de los alcaldes y concejales[226] (artículos 60 y 76 LOCM).

En lo que respecta a las municipalidades en tanto personas jurídicas descentralizadas, éstas pueden ser objeto de responsabilidad contractual y extracontractual.

El objeto de estudio de este capítulo consiste en la responsabilidad extracontractual o aquiliana de los municipios.

---

225 Bermúdez Soto, *Derecho Administrativo General* (Santiago: Thomson Reuters, 2011), 364.

226 En el caso del alcalde y concejales la cesación del cargo es declarada por el Tribunal Electoral Regional respectivo, en conformidad al artículo 60, letra c) de la LOCM y al artículo 76, letra f) de la LOCM, en relación a los artículos 17 y siguientes de la Ley N° 18.593 sobre Tribunales Electorales Regionales.

II. CONCEPTUALIZACIÓN DE LA RESPONSABILIDAD EXTRACONTRACTUAL MUNICIPAL

Si la conceptualización de la responsabilidad municipal se limitara al régimen general de la responsabilidad extracontractual, bastaría con reproducir las características que han sido planteadas y desarrolladas por la doctrina nacional con mayor o menor discusión: que se trata de una responsabilidad de fuente constitucional, que emana de una persona jurídica, que es directa, que es un sistema de responsabilidad regido por el derecho público y que exige la reparación integral de los daños. Dadas sus particularidades en materia municipal, se hará referencia a la discusión en torno a si la responsabilidad es objetiva o subjetiva y luego si se rige única y exclusivamente por normas de derecho público.

1. *Responsabilidad objetiva o subjetiva: planteamiento de la discusión respecto de la Administración del Estado*

Para una parte de la doctrina tradicional, la responsabilidad de la Administración del Estado es objetiva. De acuerdo con esta postura, al tratarse de la responsabilidad de una persona jurídica no sería posible la concurrencia de dolo o culpa. Asimismo, al ser directa no se requiere probar el dolo o la culpa de un funcionario público para su procedencia.

Otra parte de la doctrina arguye que la responsabilidad de la Administración del Estado es subjetiva, atendida la configuración de ésta en base a la falta de servicio como factor de imputación. Ésta puede tener lugar por el servicio no prestado, por el servicio prestado tardíamente, o bien, por el servicio prestado de manera deficiente[227].

---

227 Así, se ha resuelto que "[...] la falta de servicio no se funda exclusivamente en el hecho que ha provocado el daño, es decir, en la causalidad material, sino que es necesario acreditar el mal funcionamiento del servicio, esto es, que la Administración no ha cumplido su deber de prestar el servicio en la forma exigida por el legislador. [...] El estándar de la falta de servicio permite la formulación de reglas de deberes de actuación en concreto que, si no se cumplen, permiten calificar de antijurídica una actuación, o, en su caso, una omisión. Lo anterior obliga al juez al examen de un deber de actuación, normalmente preventivo que, cumplido, liberará de responsabilidad al Estado" (Corte Suprema, senten-

La falta de servicio es un sistema de imputación de responsabilidad en que se debe apreciar de manera objetiva cómo debió actuar la Administración, tomando en consideración los recursos disponibles, y sin considerar el dolo o culpa del funcionario que haya intervenido, en caso de una actuación, o que no haya debido intervenir en caso de una omisión.

Pues bien, la discusión sobre si la falta de servicio puede o no asimilarse al dolo o la culpa, o bien, si es un sistema objetivo seguirá probablemente siendo tema de debate en la doctrina nacional. En cualquier caso, lo que corresponde es determinar si la Administración cumplió o no con el estándar esperado.

Por su parte, la jurisprudencia ha concluido de manera invariable en el último tiempo que existen tres requisitos que determinan la responsabilidad del Estado (nombrada así, en términos generales) que son el daño a la víctima; la relación de causalidad entre el acto u omisión constitutiva de falta de servicio y el daño producido; y la falta de servicio imputable a la Administración del Estado.

La Corte Suprema ha desechado de manera expresa que la falta de servicio constituya un factor objetivo de imputación de responsabilidad: [Y]erra la recurrente al proponer que la responsabilidad fiscal se rige por un estatuto "objetivo" de atribución, pues, como se ha recordado, para el éxito de la acción indemnizatoria es menester que el pretensor identifique una obligación legal, exigible a un órgano administrativo determinado, que haya sido incumplida, o satisfecha de manera imperfecta o tardía, carga que la actora, en la especie, no cumplió[228].

La esencialidad de la falta de servicio como factor de imputación de responsabilidad se relaciona directamente con la Administración del Estado y el principio de servicialidad. Es decir, que la Administración está al servicio de la persona humana y su finalidad es promover el bien común, para lo cual debe atender las necesidades públicas en forma continua y permanente.

---

cia Rol N° 26.239-2023, considerando noveno, citando otros fallos de la Corte Suprema).

[228] Corte Suprema, sentencia Rol N° 157.970-2022, considerando séptimo.

Por lo mismo, resulta lógico que la Administración sea civilmente responsable cuando, no satisfaciendo ese estándar de actuación, cause un daño a los particulares, lo que deberá ser ponderado en cada caso.

En suma, lo relevante no es si existe culpa o dolo del servicio, sino que la Administración se haya apartado del estándar de conducta que le resultaba exigible, ya sea en virtud de la ley o de otras fuentes del derecho.

Como ya señalaba don Pedro Pierry en el año 1984 "la falta de servicio la constituye una mala organización o funcionamiento defectuoso de la Administración, ambas nociones apreciadas objetivamente y referidas a lo que puede exigirse a un servicio público moderno, y a lo que debe ser su comportamiento normal"[229]. En otras palabras, lo "objetivo" resulta ser aquello que es exigible a la Administración del Estado —municipal, en este caso—, y que fija su estándar de conducta, pero de ello no se sigue que el régimen de atribución de responsabilidad sea uno de carácter objetivo.

2. *Responsabilidad objetiva o subjetiva: particularidades de la normativa municipal*

De acuerdo con el artículo 38 de la CPR "cualquier persona que sea lesionada en sus derechos por la Administración del Estado, de sus organismos o de las municipalidades, podrá reclamar ante los tribunales que determine la ley, sin perjuicio de la responsabilidad que pudiere afectar al funcionario que hubiere causado el daño". Así, se aprecia que la normativa constitucional que rige la responsabilidad de la Administración del Estado rige también a las municipalidades.

De la misma manera, el artículo 4 de la LOCBGAE establece que "el Estado será responsable por los daños que causen los órganos de la Administración en el ejercicio de sus funciones, sin perjuicio de las responsabilidades que pudieren afectar al funcionario que los hubiere ocasionado". Esta norma, atañe también a las municipalidades,

---

229 Pedro Pierry Arrau, "Responsabilidad de los entes públicos por el mal estado de las vías públicas" (ponencia, Universidad de Valparaíso, 1984) 143-159.

en cuanto forman parte de la Administración del Estado (artículo 1, inciso segundo de la LOCBGAE).

A continuación, el artículo 42 de la LOCBGAE establece expresamente la responsabilidad por falta de servicio de los órganos de la Administración del Estado. Sin embargo, esta norma no sirve de fundamento de la falta de servicio municipal, por cuanto se encuentra comprendida dentro del Título II sobre Normas Especiales, de cuya aplicación se encuentran expresamente excluidas las municipalidades (artículo 21 LOCBGAE).

De la revisión de la norma constitucional y de la LOCBGAE, es posible sostener que las municipalidades son responsables de las actuaciones u omisiones que causen daños. Y si bien, aquellas normas no bastan para concluir que la falta de servicio es exigencia de la responsabilidad municipal, esta conclusión sí se alcanza con claridad al examinar la LOCM.

La LOCM contiene dos normas que hacen referencia a la responsabilidad municipal. La primera, es el artículo 151 de la LOCM, que consagra el reclamo de ilegalidad municipal y establece en su literal h) que, si la sentencia es favorable al demandante, la Corte de Apelaciones respectiva podrá declarar el derecho de éste a obtener una indemnización de perjuicios, en caso de que éste lo hubiere solicitado.

Por su parte, el inciso primero del artículo 152 establece la regla general de acuerdo a la cual "las municipalidades incurrirán en responsabilidad por los daños que causen, la que procederá principalmente por falta de servicio". En su inciso segundo agrega "no obstante, las municipalidades tendrán derecho a repetir en contra del funcionario que hubiere incurrido en falta personal".

El uso del vocablo "principalmente"[230] genera ciertas dudas en torno a su alcance y efectos prácticos, aunque su significa-

---

230 El antecedente histórico de esta norma se encuentra en el artículo 62 del Decreto Ley N° 1.289, de 1975, otrora Ley Orgánica de las Municipalidades, el que distinguía entre la responsabilidad contractual de las municipalidades —que se regía por su texto, el CC y por los "principios reguladores de los contratos administrativos"— y extracontractual, la que también señalaba que procedería "principalmente" para "indemnizar los perjuicios que sufran uno o más usuarios de los servicios municipales cuando éstos no funcionen, debiendo hacerlo o lo hagan en forma deficiente". Así, el vocablo principalmente proviene de la nor-

do[231] parece indicar que el título de mayor relevancia será justamente la falta de servicio, pero que sería admisible la responsabilidad municipal fundada en otros títulos de imputación o posibles casos de responsabilidad objetiva.

Sin perjuicio de la apertura de la LOCM a aceptar otras fórmulas de responsabilidad y no solo aquella basada en la falta de servicio como factor de imputación, el legislador no ha optado por consagrar responsabilidades derivadas de otros factores de imputación y tampoco de supuestos de responsabilidad objetiva[232], como acontece en el ordenamiento jurídico español relación con la nulidad de un acto urbanístico[233].

En cuanto a la posibilidad de repetir en contra del funcionario causante del daño, se trata de una reproducción de la fórmula gene-

ma anteriormente vigente, aunque no en el mismo sentido en que actualmente se utiliza. En efecto, de acuerdo al tenor literal de la norma derogada, el factor de imputación es la falta de servicio y no se admitiría otro. Esta conclusión no podría equipararse a aquella que se desprende de la interpretación de la norma vigente, en que la responsabilidad municipal deriva de la falta de servicio o bien podría vincularse a una norma que establezca una hipótesis de responsabilidad objetiva.

231 Principalmente se define por la Real Academia Española como "De manera principal".

232 Podría intentarse sostener que la responsabilidad de la municipalidad —o del Fisco, en su caso— por los daños que se causaren con ocasión de un accidente que sea consecuencia del "*mal estado de las vías públicas o de su falta o inadecuada señalización*" (artículo 169 de la Ley N° 18.290, de Tránsito) es un caso de responsabilidad objetiva. Sin embargo, lo cierto es que la vía sólo podría estar en un mal estado —susceptible de provocar un accidente— si la municipalidad no ha actuado de conformidad el estándar que la ley le fija en la provisión del servicio. En otras palabras, se debe probar el mal estado y se debe acreditar la falta de servicio municipal, la que dependerá de múltiples factores dentro de ellos el contexto, recursos económicos y humanos, entre otros. En igual sentido Pierry Arrau, "Responsabilidad de los entes públicos por el mal estado de las vías públicas", 154. Lo mismo ocurre con la responsabilidad que pesa sobre la municipalidad cuando, habiendo sido requerida, no deduce la acción ambiental ni resuelve no hacerlo dentro del plazo establecido en el artículo 54 de la Ley N° 19.300. Se trata de un caso de responsabilidad por falta de servicio, en cuanto es la ley la que determina el estándar de actuación exigible a la municipalidad, de modo tal que su inactividad es conducente de responsabilidad.

233 Artículo 48 Ley del Suelo y Rehabilitación Urbana, cuyo texto refundido se contiene en el Decreto Legislativo N° 7/2015.

ral contenida en la LOCBGAE, que en la práctica resulta de escasísimo o nulo efecto.

En conclusión, en materia municipal la aplicación de la falta de servicio como título jurídico de imputación de responsabilidad encuentra su fuente en el artículo 152 de la LOCM, el que determina que las municipalidades serán responsables por los daños que causen, "la que procederá principalmente por falta de servicio".

Por ende, y en principio, para configurar la responsabilidad de una municipalidad es necesario que exista un daño[234]; que se acredite la relación de causalidad entre éste y el acto u omisión de la municipalidad, y finalmente, que se configure alguna de las hipótesis de falta de servicio, sin perjuicio de que el legislador pueda establecer otros títulos de imputación o hipótesis de responsabilidad objetiva.

3. Actuación u omisión antijurídica y falta de servicio

No toda actuación u omisión antijurídica de una municipalidad trae aparejada la existencia de una falta de servicio que comprometa su responsabilidad.

Sobre este punto la Corte Suprema ha resuelto que las nociones de ilegalidad y falta de servicio son independientes, pues: [...] una medida ilegal susceptible de anulación, no da siempre derecho a reparación, lo que resulta evidente por ejemplo tratándose de ilegalidades de forma o de incompetencia cuando la misma medida hubiere podido ser adoptada por una autoridad competente. Lo mismo ocurre, tratándose de errores de apreciación que puedan conducir a

---

234 Además de la clásica distinción entre daño emergente y lucro cesante, contenida en el artículo 1556 del CC, la jurisprudencia incluye en el daño de origen municipal susceptible de ser reparado a la "pérdida de la chance", entendida ésta como el perjuicio consistente en las oportunidades perdidas que se frustran por acción de un tercero y que no es asimilable al lucro cesante (Corte Suprema, sentencia Rol N° 17.273-2021), eso sí, en la medida en que "implica probabilidad suficiente de beneficio económico que resulta frustrado por culpa del responsable" (Corte Suprema, sentencia Rol N° 88.733-2021). Además, la "oportunidad perdida debe ser real y seria" (Mauricio Tapia, "Pérdida de una Oportunidad: ¿Un Perjuicio Indemnizable En Chile?", en *Anuario Iberoamericano de Derecho Notarial*, (Madrid: Consejo General del Notariado, años 2015-2016), 237-267.).

la anulación de un acto, o cuando la misma medida hubiera podido ser tomada empleando un procedimiento irregular[235].

Así, si bien el estándar exigido por la ley es a lo primero que se recurre para determinar si existe o no falta de servicio, el quebranto de la juridicidad no basta para obtener la reparación. Así, se ha dicho que "[...] se debe matizar la relación existente entre ilegalidad y responsabilidad: si bien toda ilegalidad revela una culpa infraccional, esto es, una falta de servicio en sentido amplio, ello no es suficiente para dar lugar a la responsabilidad del Estado, pues es necesario que el daño provocado sea atribuible precisamente a la infracción legal"[236].

Dado lo anterior, corresponderá al demandante la demostración de que la ilegalidad es generadora de un daño indemnizable por existir falta de servicio.

4. Responsabilidad regida exclusivamente por el Derecho Público o bien aplicación de normas de Derecho Privado

En cuanto al régimen legal aplicable, se ha discutido, como ocurre también en otras áreas de la actuación administrativa, la procedencia o no de aplicar normas y principios propios del derecho privado. En materia de responsabilidad por falta de servicio ello no ha sido expresamente zanjado por el legislador[237]. Con todo, como sostiene la doctrina "Los principios y límites establecidos por el Derecho Privado siguen rondado e inmiscuyéndose en la mentalidad pública, con lo cual no nos debe extrañar que el Derecho Civil siga

---

235 Corte Suprema, sentencia Rol N° 10-2023, considerando duodécimo.

236 Enrique Barros Bourie, *Tratado de Responsabilidad Extracontractual* (Santiago: Editorial Jurídica de Chile, 2006), 504.

237 Esta interrogante ha sido resuelta expresamente en materia de contratación. El artículo 1 de la LBCASPS contiene un orden de prelación respecto a la normativa aplicable a los contratos que celebre la Administración del Estado, a título oneroso, para el suministro de bienes muebles, y de los servicios que se requieran para el desarrollo de sus funciones. De acuerdo al precepto, estos contratos se ajustarán a las normas y principios de la LBCASPS y su Reglamento. Supletoriamente, se les aplicarán las normas de derecho público y, en defecto de aquéllas, las normas del derecho privado.

inspirando doctrinas en materia de responsabilidad extracontractual del Estado"[238].

Aunque existen diferencias significativas entre las relaciones que tienen lugar entre particulares, de aquellas entre las personas y la Administración Estatal, la insuficiencia de normas que regulen la responsabilidad extracontractual de la Administración, y en particular de las municipalidades, conlleva a que en la práctica la jurisprudencia se cuestione en diferentes casos la aplicación de disposiciones del Título XXXV del Libro IV del CC ("De los delitos y cuasidelitos"). Es el caso del artículo 2330 del CC, respecto a la exposición imprudente al daño y del artículo 2317 que consagra una regla de solidaridad.

a. La aplicación del artículo 2330 del CC: exposición imprudente al daño por parte de la víctima

La determinación de si existió una exposición imprudente al daño ha sido un factor considerado por los tribunales como relevante para estimar el monto de la compensación. Así, en el caso *Martínez Guajardo Javiera con I. Municipalidad de Con Con*[239], en que la demandante pedía ser indemnizada por la municipalidad con motivo de una grave caída que había sufrido mientras transitaba en bicicleta, la Corte Suprema valoró la aplicación del artículo 2330 del CC, que indica que "la apreciación del daño está sujeta a reducción, si el que lo ha sufrido se expuso a él imprudentemente" y lo descartó en razón de las circunstancias del caso.

La aplicación del artículo 2330 del CC, en palabras de la Corte Suprema, "requiere de culpa por parte de la víctima, esto es, un actuar imprudente, negligente, con falta de pericia, cuya calificación deberá medirse con la conducta de una persona de iguales características y en igualdad de circunstancias" (considerando cuarto de la sentencia de reemplazo). En este caso, resolvió que la víctima no se expuso de forma imprudente al transitar por el único camino disponible y que la municipalidad en cuanto no señalizó de manera oportuna y

---

238 Bermúdez Soto, *Derecho Administrativo General* (Santiago: Thomson Reuters, 2011), 499.

239 Corte Suprema, sentencia Rol N° 264-2021.

eficaz la existencia de algún peligro o riesgo de caída al transitar por la vía incurrió en falta de servicio.

b. La aplicación del artículo 2317 del CC: responsabilidad solidaria por delitos o cuasidelitos cometidos por dos o más personas

En el derecho civil, de existir una pluralidad de deudores sobre una cosa divisible el acreedor solo podrá exigir su cuota a cada deudor (artículos 1511 y 1526 del CC). Así y por regla general, las obligaciones recaídas sobre cosa divisible son simplemente conjuntas o mancomunadas.

Por ley, sin embargo, puede ser establecida la solidaridad. Es el caso del artículo 2317 que señala que "si un delito o cuasidelito ha sido cometido por dos o más personas, cada una de ellas será solidariamente responsable de todo perjuicio procedente del mismo delito o cuasidelito". En virtud de esta regla, la víctima del daño causado por dos o más personas podrá exigir reparación en contra de cualquiera de ellas por la totalidad de los perjuicios, lo que no obsta a la contribución a la deuda con posterioridad al pago.

Pues bien, atendida la extensa variedad de funciones compartidas por las municipalidades con otros organismos de la Administración del Estado, resulta relevante determinar si es posible aplicar en estos casos el artículo 2317 del CC para perseguir la responsabilidad solidaria respecto de todas ellas.

La conclusión de nuestra jurisprudencia ha sido condenar de forma simplemente conjunta a la Municipalidad y al Fisco de Chile en casos como estos, rechazando la solidaridad[240]. Se trata, indudablemente, de una solución menos garantista para el afectado en cuanto excluye la posibilidad de reclamar la totalidad de la indemnización a cualquiera de los responsables.

---

[240] Así, por ejemplo, en Corte Suprema, sentencia Rol N° 63.410-2021 se discutió respecto de los daños sufridos por una niña atacada por un perro callejero en Villarrica. La Corte Suprema atribuyó responsabilidad tanto a la municipalidad como a la Secretaría Regional Ministerial de Salud de La Araucanía, y condenó a cada uno de estos órganos —de forma mancomunada— al pago de una indemnización.

5. Esferas de la actuación municipal y tratamiento jurisprudencial de la responsabilidad

La amplia variedad de funciones y atribuciones que el legislador ha encomendado a las municipalidades conlleva a múltiples supuestos posibles de responsabilidad municipal. Si bien esta responsabilidad se vincula comúnmente a las funciones descritas en los artículos 3 y 4 de la LOCM y a las atribuciones esenciales del artículo 5 de la LOCM, también existen otras disposiciones que hacen posible esta responsabilidad, tanto contenidas en la LOCM como también en otros cuerpos legales.

Así, por ejemplo, al amparo del artículo 8 de la LOCM, la celebración de convenios para el cumplimiento de las funciones municipales y de contratos para atender necesidades de la comunidad local ha implicado que las municipalidades deban responder por el incumplimiento de sus deberes de supervigilancia y fiscalización en caso de daños ocasionados en el marco de la ejecución de estos convenios y contratos. De la misma manera, las municipalidades conservan responsabilidad ante el otorgamiento de concesiones para la prestación de determinados servicios municipales.

Por otra parte, puede darse que los errores en la emisión de un acto urbanístico municipal o bien la nulidad de permisos de edificación u otros actos urbanísticos sean fuente de responsabilidad para la municipalidad.

A continuación, profundizaremos en algunas de las esferas de la actuación municipal en cuanto fuente potencial de responsabilidad. Nos referiremos a la responsabilidad municipal vinculada a ciertas funciones y atribuciones esenciales de la municipalidad; luego, a la responsabilidad municipal por los daños causados por contratistas y concesionarios; y finalmente, a la responsabilidad derivada de actos urbanísticos.

a. A propósito de la administración de bienes nacionales de uso público: el estándar exigible a las municipalidades

Una de las disposiciones de la LOCM más comúnmente citadas en relación con la responsabilidad extracontractual municipal es la que atribuye a las municipalidades la administración de los bienes nacionales de uso público existentes en el territorio comunal. Sin duda, se trata de una norma exigente, ya que impone a las municipalidades la responsabilidad de resguardar todo lo concerniente al territorio comunal, al menos en el ámbito urbano, siempre que la administración no corresponda a un organismo público diferente.

En este sentido, y dada la amplitud normativa, corresponde preguntarse cuál es el estándar de actuación que se debe exigir a las municipalidades en lo que respecta a la administración de bienes nacionales de uso público.

La Corte Suprema analizó esta materia a propósito del caso de una persona que tuvo un accidente en un paradero vandalizado por actos de terceros, y concluyó una falta de servicio de Municipalidad por haber omitido adoptar, oportunamente, las medidas idóneas para evitar esta clase de accidentes.

En esa ocasión, razonó que la falta de servicio no se debe solo a la no reposición del paradero a su estado normal, ya que el vandalismo y los daños causados por terceros son impredecibles y las reparaciones requieren recursos que no siempre están disponibles. Ante el daño a la estructura, aunque no era exigible una reposición inmediata, sí era obligatorio para la Municipalidad adoptar medidas para "resguardar la seguridad e integridad de las personas". Por ejemplo, cercar el lugar, poner señales de advertencia, suprimir temporalmente el paradero o retirar la estructura para su futura reparación. En resumen, concluyó que existió una falta de servicio por omitir las medidas adecuadas para evitar un accidente como el que dio lugar a la demanda[241].

En otro caso relacionado con el estado de los bienes nacionales de uso público, la Corte Suprema acogió un recurso de casación presentado por una municipalidad que había sido condenada por falta de servicio a indemnizar los daños causados por el desprendimiento de una esfera ornamental[242]. Esta esfera, colocada en la acera, se soltó y golpeó a dos peatones tras un choque provocado por un conductor en estado de ebriedad. La Corte Suprema consideró que las esferas tenían un propósito meramente ornamental, por lo que la munici-

---

241 Corte Suprema, sentencia Rol N° 27.302-2021.

242 Corte Suprema, sentencia Rol N° 26.239-2023.

palidad no podía prever que un choque las desprendiera de manera abrupta y violenta. Incluso si lo hubiera previsto, la municipalidad no habría podido evitar la colisión. Por ello, la Corte razonó que la mera presencia de las esferas en la acera no constituía un "mal estado de las vías" y que, dado que eran claramente visibles no requerían señalización adicional.

En resumen, el estándar de falta de servicio no exigiría de la municipalidad la adopción de medidas de seguridad para prevenir que las esferas sean impactadas con fuerza por los automóviles. Para la Corte Suprema, tal exigencia elevaría el estándar del servicio más allá de lo que la ley establece, convirtiendo la responsabilidad por falta de servicio en una de carácter objetivo, lo cual ha sido rechazado por su misma jurisprudencia.

Finalmente, un caso que contribuye a esclarecer el estándar exigible a las municipalidades en cuanto al estado de los bienes nacionales de uso público que administran, fue aquel en que la Corte Suprema condenó a pagar una compensación pecuniaria a una persona que se trasladaba en silla de ruedas y que fue atropellada al no poder subir a la vereda debido a la falta de rebajes o rampas de acceso universal. En esta ocasión, el Máximo Tribunal determinó que la función de administrar estos bienes nacionales de uso público implica para la municipalidad la obligación de mantener las calles en condiciones adecuadas para permitir el desplazamiento seguro de la población[243].

A partir de los casos analizados, se puede concluir que el estándar exigible a las municipalidades en la administración de los bienes nacionales de uso público requiere de la adopción de medidas tanto preventivas como correctivas para garantizar la seguridad y accesibilidad de todos los ciudadanos.

La jurisprudencia de la Corte Suprema reconoce que las municipalidades tienen la responsabilidad de mantener estos espacios en condiciones que permitan un desplazamiento seguro de la población, sin que esto implique una responsabilidad objetiva que eleve injustamente el estándar de servicio más allá de lo que la ley contempla.

---

243 Corte Suprema, sentencia Rol N° 53.049-2022.

b. A propósito de los contratos y las concesiones: la responsabilidad derivada del incumplimiento de los deberes de supervigilancia y fiscalización

El artículo 8 de la LOCM establece la facultad de las municipalidades para celebrar contratos y otorgar concesiones, lo que implica su relación con los particulares a través de dos mecanismos jurídicos distintos.

Esta práctica guarda similitud con la colaboración público-privada que se observa en otras áreas, como la obra pública en la que interviene el Ministerio de Obras Públicas. En casos específicos, como los accidentes en autopistas concesionadas, se ha debatido en tribunales la eventual responsabilidad que recaería en el Ministerio de Obras Públicas, la que ha sido descartada por la jurisprudencia[244].

Sin embargo, en el ámbito municipal, la Corte Suprema ha enfatizado la responsabilidad que tienen las municipalidades cuando los servicios son prestados por entidades privadas, no obstante, en el contrato de adjudicación se hubiere establecido una exención de la responsabilidad municipal ante daños provocados por el contratista respecto de terceros.

Así ocurrió, por ejemplo, en un juicio ordinario en que una empresa distribuidora de energía demandó a la Municipalidad de San Antonio con motivo de los daños causados durante la construcción de una plaza que la municipalidad había adjudicado a un contratista. Durante las obras, una retroexcavadora había cortado accidentalmente dos tensores, lo que provocó la caída de una torre de alta tensión propiedad de la demandante. La Corte Suprema acogió el recurso de casación en el fondo interpuesto por la empresa de energía eléctrica. Fundamentó su decisión en la falta de supervigilancia municipal[245] y agregó que resulta improcedente recurrir a las esti-

---

244 Corte Suprema, sentencia Rol N° 9.163-2012.

245 La Corte Suprema señaló que "la falta de servicio atribuida a la Municipalidad de San Antonio se construye sobre la base de la ausencia de vigilancia respecto de las condiciones en que se desarrollaba la construcción de una plaza proyectada en el bandejón central de Avenida Manuel Montt de dicha comuna con el objeto de realizar diversas tareas de reparación, pavimentación, suministro y colocación de solerillas, entre otras. En efecto, sobre dicha corporación edilicia

pulaciones del contrato para efectos de sustraerse de este deber de vigilancia, puesto que se trata de un imperativo legal en su calidad de servicio público[246].

Adicionalmente a la posibilidad de ocasionar daños a terceros por el incumplimiento del deber de fiscalización municipal, también se ha discutido la posibilidad de que la no actuación municipal genere daños al concesionario. Así lo ha resuelto la Corte Suprema, al acoger un recurso de casación en el fondo, en relación con los deberes de fiscalización que correspondían al ente municipal en el marco de un contrato de concesión para estacionamientos subterráneos[247]. Aunque se trata de un caso de responsabilidad contractual, resulta igualmente interesante su mención.

En este caso, la Corte Suprema resolvió que la municipalidad debía indemnizar al concesionario por no haber cumplido con su deber de fiscalización, lo que conllevó a una vulneración del acuerdo contractual de garantizar un área de exclusión crucial para el beneficio económico esperado por la concesionaria.

Junto con la caracterización de obligación esencial del establecimiento de un área de exclusión, la Corte Suprema ahondó en las atribuciones de fiscalización de las municipalidades. Sobre las mismas, sostuvo que "se trata de verdaderas potestades de inspección, que permite a la Administración o al Municipio, en este caso, llevar a cabo funciones de comprobación o constatación del cumplimiento de la normativa legal y reglamentaria vigente; todo ello además en el marco de aplicación del principio precautorio que le impone a la autoridad el deber de actuar para prevenir o disminuir los riesgos en los distintos procesos o actividades económicos"[248].

En este caso, aunque formalmente se había establecido un área de exclusión en favor de la concesionaria mediante un decreto mu-

---

recae la obligación de inspeccionar el estado de aquellos bienes que administra, a fin de precaver cualquier daño que pueda se pueda causar a terceros, más aún si los factores de peligros surgen con ocasión de la ejecución de obras dispuestas por el propio ente municipal", en: Corte Suprema, sentencia Rol N° 22.101-2018, considerando séptimo.

246 Corte Suprema, sentencia Rol N° 22.101-2018, considerando noveno.

247 Corte Suprema, sentencia Rol N° 5.042-2019.

248 Corte Suprema, sentencia Rol N° 5042-2019, considerando décimo tercero.

nicipal, la falta de fiscalización activa permitió la existencia de playas de estacionamiento irregulares, ocasionando pérdidas económicas al concesionario que debieron ser compensadas.

Estos casos ponen de relieve la importancia del cumplimiento de los deberes de supervigilancia y fiscalización por parte de las municipalidades. El incumplimiento de éstos puede afectar a terceros, sin que la municipalidad pueda abstraerse necesariamente de su responsabilidad motivada en las disposiciones del contrato. A su vez, la omisión de los deberes de fiscalización podría afectar a los propios concesionarios, generando consecuencias económicas adversas que podrían fundamentar una necesaria compensación para el restablecimiento del equilibrio económico del contrato.

c. A propósito de los actos urbanísticos y la posible responsabilidad municipal

Una de las funciones municipales de mayor relevancia es la emisión de actos urbanísticos municipales. Esta facultad se encuentra prevista, entre otras, por el artículo 3, letra e) de la LOCM y el artículo 4, letra f) de la LOCM, así como también, en los artículos 5 y 9 de la LGUC.

Para el conocimiento, tramitación y emisión de los actos administrativos urbanísticos, el artículo 24 de la LOCM considera la unidad de Obras Municipales. De acuerdo con los pronunciamientos de la Corte Suprema, esta unidad funcional de la municipalidad constituye un órgano desconcentrado de la municipalidad, y el Director de Obras que es el jefe de este departamento municipal depende jerárquicamente del alcalde[249].

El ejercicio de las facultades en materia urbanística ha ido adoptando cada vez más importancia y, con ello, la posible responsabilidad municipal también se ha hecho más evidente, especialmente en lo vinculado a los daños ocasionados por los errores en la emisión de un acto urbanístico municipal y aquellos relacionados con la nulidad de los permisos de edificación u otros actos urbanísticos.

249 Corte Suprema, sentencia Rol N° 99.353-2020.

a'. Errores en actos urbanísticos municipales ocasionados por las órdenes de un tercero

La actuación municipal puede verse afectada por órdenes de terceros, como las de la Secretaría Regional Ministerial de Vivienda y Urbanismo y las de la CGR, así como también influida por las interpretaciones de la División de Desarrollo Urbano del Ministerio de Vivienda y Urbanismo.

Pues bien, las órdenes de terceros en esta materia, en particular de la CGR, han sido objeto de pronunciamientos jurisprudenciales.

En materia de responsabilidad, en una ocasión se discutió sobre la falta de servicio de una municipalidad debido a la emisión de un certificado de informaciones previas erróneo por la Dirección de Obras, en cumplimiento de la instrucción de una Contraloría Regional[250]. La Corte Suprema desestimó la falta de servicio, considerando que la demandada solo cumplió la orden de la autoridad contralora, facultada para impartir instrucciones en esta materia. Para el Máximo Tribunal, la actuación de la Dirección de Obras Municipales en cumplimiento de una instrucción "bajo apariencia de juridicidad" debe considerarse como un error inimputable.

La sentencia fue dictada con el voto en contra del a la sazón Ministro Sergio Muñoz, en cuyo razonamiento sostuvo que la actuación de la Dirección de Obras Municipales había sido doblemente grave, desde que emitió sin que mediare una solicitud de parte interesada un nuevo certificado de informaciones previas erróneo y obró de todos modos y sin cerciorarse de una posible modificación de las normas urbanísticas, a pesar de que tenía conocimiento de que la Secretaría Regional Ministerial de Vivienda y Urbanismo (autoridad superior en materia urbanística) le había instruido recientemente en un sentido totalmente contrario[251].

---

250 Corte Suprema, sentencia Rol N° 5.080-2011.

251 Para sostener este voto, el Ministro Sr. Muñoz cita a don Arturo Alessandri: "el funcionario público o municipal, y aun el simple particular que ejecuta un acto en cumplimiento de órdenes emanadas de la autoridad administrativa o judicial, por ilegales que ellas sean, no responde del daño que así cause, a menos que la ilegalidad o ilicitud del acto sea tal que un hombre prudente se habría abstenido de ejecutarlo o que el daño provenga de la forma como se cumplió

b'. Indemnización por la nulidad de actos urbanísticos municipales

Se ha sostenido que los actos ilegales no dan lugar a derechos adquiridos, lo que justifica que los vicios de legalidad de que adolezca un permiso de edificación conlleven a su invalidación. Sin embargo, surge la duda acerca de la posibilidad de demandar una indemnización o, en términos de la doctrina extranjera, si existe el deber jurídico de soportar los perjuicios producidos por un acto administrativo declarado nulo por sentencia firme[252]. Esta cuestión es también relevante en el ordenamiento jurídico chileno y ha sido objeto de vigente debate y cuestionamiento.

A modo ejemplar, un caso interesante se presentó con motivo de un acto invalidatorio municipal de un certificado de informaciones previas y de un permiso de edificación. La decisión fue impugnada y finalmente la Corte Suprema decidió mantener en vigencia tanto el certificado como el permiso de edificación[253]. Con motivo de esta declaración, la persona jurídica afectada por el incorrecto uso de la invalidación inició una demanda invocando falta de servicio y obtuvo una indemnización de perjuicios por daño emergente y por lucro cesante[254].

---

la orden, por ejemplo causándolo o agravándolo innecesariamente o con manifiesto descuido o negligencia" (Arturo Alessandri, "De la Responsabilidad Extracontractual en el Derecho Civil chileno. Imprenta Universitaria, 1943)". Para el autor de este voto, la regla de excepción a que alude esta cita doctrinaria era la aplicable, ya que la Dirección de Obras Municipales obró a pesar de que tenía conocimiento de que la autoridad superior en materia urbanística le había instruido recientemente en un sentido totalmente contrario.

252 Tomás-Ramón Fernández, "¿Existe un deber jurídico de soportar los perjuicios producidos por un acto administrativo declarado nulo por sentencia firme?". Revista de administración pública, Universidad Complutense de Madrid, N° 205 (2018), 221-237, doi: https://doi.org/10.18042/cepc/rap.205.07.

253 La Corte Suprema resolvió que "*no ha sido debidamente probada la ilegalidad invocada por la autoridad administrativa para dictar el acto invalidatorio que se impugna, por lo que carece de fundamento que la habilitara para ejercer dicha potestad. Los motivos que justifican la adopción de esta clase de determinaciones no pueden ser formulados en términos vagos y generales, como ocurrió en este caso, sino que deben ser precisos para dar validez jurídica a la decisión de la autoridad*", en: Sentencia CS Rol N° 293-2013.

254 El afectado pidió la indemnización por daño emergente, lucro cesante y daño moral. El daño emergente por la demolición de las obras ya construidas y por la elaboración de un proyecto nuevo, gastos por intereses bancarios de los

c'. Responsabilidad municipal por recepción definitiva de obras que incumplía con la normativa urbanística

Otro caso de acto municipal urbanístico susceptible de generar un daño indemnizable es la recepción definitiva de las obras de edificación.

La Corte Suprema[255] acogió un recurso de casación en el fondo presentado por un conjunto de propietarios por el otorgamiento de la recepción definitiva de un edificio que fue declarado inhabitable tras el terremoto del año 2010. Se constató que la Dirección de Obras de la respectiva municipalidad había incurrido en falta de servicio al no verificar en el proceso constructivo de los departamentos de un condominio de su comuna que se cumplieran las normativas de construcción y sísmicas.

La sentencia es particularmente interesante porque determinó para este caso que el plazo de prescripción para la acción por falta

---

créditos obtenidos para la compra del terreno e inversión en la construcción, así como gastos en asesoría jurídica. Sobre estos ítems, se desestimó el gasto correspondiente a intereses por financiamiento, ya que estos gastos tendrían que igualmente haber sido asumidos por el demandante, aún de no existir falta de servicio. Asimismo, se descartaron los gastos relativos a la asesoría jurídica por corresponder al ámbito de las costas judiciales. De la misma manera, se resolvió que no procede imputar a la municipalidad el costo de dos proyectos de construcción, desde que el último de ellos constituía un costo ineludible en que debía incurrir la demandante a fin de concretar la obra proyectada. En lo que respecta al lucro cesante, la demandante lo fundamentó en el impedimento de construir por un período de veintidós meses y en los arriendos no percibidos. Se concedió indemnización, pero ésta fue rebajada prudencialmente por la Corte de Apelaciones de Chillán al considerar que no existían parámetros objetivos que permitieran asegurar que, una vez concluida la obra, la totalidad de las dependencias construidas habrían sido efectivamente arrendadas a terceros. Finalmente, respecto del daño moral, si bien se denunció afectaciones al honor, reputación y confianza comercial, el tribunal de primera instancia desestimó este perjuicio por cuanto que no se indicó claramente cómo se habrían producido esos daños ni se rindió prueba al efecto. La sentencia de la Corte Suprema corresponde al Rol N° 34.432-2017 de fecha 19 de febrero de 2018. La sentencia de la Corte de Apelaciones de Chillan Rol N° 232-2016, de fecha 31 de mayo de 2017, confirmó la de primera instancia, pero rebajó el monto concedido en relación al lucro cesante. La sentencia de primera instancia corresponde al 1° JC Chillan, sentencia Rol N° 4.022-2014, de fecha 22 de abril de 2016.

255 Corte Suprema, sentencia Rol N° 4.335-2022.

de servicio debía comenzar a contarse desde el momento en que los defectos se hicieron evidentes, lo cual ocurrió después del terremoto de 2010. De esta manera, no dio aplicación a la norma del artículo 2332 del CC, que establece un plazo de prescripción de cuatro años para la responsabilidad extracontractual contado desde la perpetración del acto.

III. CONCLUSIONES

1. En materia de responsabilidad municipal, debe distinguirse la responsabilidad de los principales órganos o funcionarios municipales, de la responsabilidad contractual o extracontractual de las municipalidades. Este capítulo ha abordado la responsabilidad extracontractual de las municipalidades.
2. La responsabilidad extracontractual de las municipalidades se rige fundamentalmente por el artículo 38 de la CPR, por el artículo 4 de la LOCBGAE y más específicamente, por los artículos 151 y 152 de LOCM.
3. El artículo 151 de la LOCM al consagrar el reclamo de ilegalidad municipal permite a la Corte de Apelaciones que junto con acoger el reclamo declare el derecho del reclamante a los perjuicios en caso de que éstos se hubieren solicitado.
4. Por su parte, el artículo 152 de la LOCM establece la falta de servicio como el principal título de imputación de la responsabilidad municipal y permite a la municipalidad repetir contra el funcionario que hubiere causado el daño. En la práctica, el legislador no ha optado por establecer otros títulos de imputación diferentes a la falta de servicio ni tampoco por consagrar supuestos de responsabilidad municipal objetiva.
5. La Corte Suprema ha enfatizado en que no toda medida ilegal susceptible de anulación conlleva a la existencia de una falta de servicio que comprometa la responsabilidad del Estado. Así, es necesario acreditar la existencia de un daño y que éste sea atribuible precisamente a la actuación u omisión ilegal.
6. La jurisprudencia ha analizado la aplicación de algunas de las normas del derecho civil en la determinación de la responsabi-

lidad municipal. Así, por ejemplo, ha rechazado la posibilidad de perseguir la responsabilidad solidaria de las municipalidades en el marco de funciones compartidas con otros órganos de la Administración del Estado, descartando así la aplicación del artículo 2317 del CC. Por otra parte, ha evaluado la conducta de la víctima a fin de determinar si incurrió o no en un actuar imprudente que pueda ameritar la reducción de la indemnización en aplicación del artículo 2330 del CC.

7. La gran variedad de funciones y atribuciones que el legislador ha encomendado a las municipalidades conlleva a la existencia de una amplitud de supuestos de responsabilidad municipal. Así, se analizaron en este capítulo supuestos de responsabilidad municipal por la omisión de adoptar medidas adecuadas para evitar accidentes en bienes nacionales de uso público, considerando que las municipalidades tienen a cargo su administración. Asimismo, se presentaron casos de responsabilidad derivados del incumplimiento de los deberes de supervigilancia y fiscalización a propósito de contratos y concesiones. Finalmente, supuestos de responsabilidad municipal vinculados a daños ocasionados por errores en la emisión de actos urbanísticos municipales o en virtud de la declaración de nulidad de los mismos.

Bibliografía citada

Arancibia, Jaime. "La concesión de bienes nacionales: concepto, objeto, fines y consecuencias prácticas". En: *El Dominio Público. Actas de las XV Jornadas Nacionales de Derecho Administrativo (2018),* editado por: Jaime Arancibia y Patricio Ponce, 327-375. Santiago, 2019.

Aróstica, Iván. "El trámite de toma de razón de los actos administrativos" *Revista De Derecho Público,* N° 49 (2016).

Barros, Enrique. *Tratado de Responsabilidad Extracontractual.* Santiago: Editorial Jurídica de Chile, 2006.

Bermúdez, Jorge. *Derecho Administrativo General.* Santiago: Thomson Reuters, 2011.

Bermúdez, Jorge. *Derecho Administrativo General.* Santiago: Editorial Thomson Reuters, 2014.

Blake, Tomás. "La precariedad como garantía de protección del dominio público municipal", *El Dominio Público. Actas de las XV Jornadas Nacionales de Derecho Administrativo (2018)* (Santiago, Tirant lo Blanch, 2019), 447-459.

Caldera, Hugo. "Principios funcionales y técnicos de los órganos públicos que integran la Administración del Estado", *Revista de Derecho Público* N° 41/42, vol. 1987 (2016): 165-172. https://doi.org/10.5354/rdpu.v0i41/42.43666.

Cea, José Luis. *Derecho Constitucional Chileno. Tomo IV, Volumen 4.* Santiago: Ediciones UC, 2013.

Cordero, Eduardo. *Curso de Derecho Administrativo.* Santiago: Editorial Libromar, 2023.

Cordero, Eduardo. "El derecho urbanístico, los instrumentos de planificación territorial y el régimen jurídico de los bienes públicos", *Revista de Derecho de la Pontificia Universidad Católica de Valparaíso* N° 29 (2007): 269-298. http://dx.doi.org/10.4067/S0718-68512007000100009.

Cordero, Eduardo. "El sentido actual del dominio legal y la potestad reglamentaria". *Revista de Derecho de la Pontificia Universidad Católica de Valparaíso* XXXII (2009): 409-440. ISSN-e 0718-6851.

Cordero, Eduardo. "La potestad reglamentaria de las entidades territoriales". En: *Estudios sobre el sistema de fuentes en el derecho chileno,* editado por Eduardo Cordero Quinzacara y Eduardo Aldunate Lizana. Santiago: Legal Publishing, 2013.

Cordero, Eduardo. *Dominio Público, Bienes Públicos y Bienes Nacionales. Bases para la reconstrucción de una teoría de los Bienes Públicos.* Valencia: Tirant lo Blanch, 2019.

Cordero, Luis. "La Contraloría General de la República y la Toma de Razón: fundamentos de cuatro falacias", *Revista De Derecho Público,* N° 69 (2007).

Cordero, Luis. *Lecciones de Derecho Administrativo, 2ª. ed.* Santiago: Legal Publishing, 2015.

Corral, Hernán. *Curso de Derecho Civil. Bienes, 2ª ed.* Santiago: Legal Publishing, 2022.

de Otto, Ignacio. *Derecho Constitucional, sistema de fuentes.* Barcelona: Ariel, 1995.

Encina, Juan Andrés. "La competencia extraterritorial de las municipalidades: el caso CARES". *Revista de Derecho Público* 90 (2019): 41-60, doi: 10.5354/0719-5249.2019.53994.

Fernández, José. *Derecho Municipal Chileno.* 2ª ed. actualizada. Santiago: Editorial Jurídica de Chile, 1997.

Fernández, Tomás-Ramón. "¿Existe un deber jurídico de soportar los perjuicios producidos por un acto administrativo declarado nulo por sentencia firme?". *Revista de administración pública, Universidad Complutense de Madrid,* Nº 205 (2018).

Ferrada, Juan Carlos. "Los procesos administrativos en el Derecho Chileno". *Revista de Derecho de la Pontificia Universidad Católica de Valparaíso* XXXVI (2011): 251-277. http://dx.doi.org/10.4067/S0718-68512011000100007.

García de Enterría, Eduardo. *Reflexiones sobre la Ley y los principios generales del Derecho.* Madrid: Civitas, 1984.

Huidobro, Ramón. "La Potestad Normativa Municipal: Estudio Histórico Doctrinario Para La Reconstrucción Del Municipio Chileno". En *Derecho Administrativo, 150 Años De Doctrina,* coordinado por Rolando Pantoja, 193-224. Santiago: Editorial Jurídica de Chile, 2010.

Lara, José Luis y Luis Eugenio García-Huidobro Herrera, "Aspectos fundamentales del reclamo de ilegalidad municipal", en *Administración territorial de Chile. Estudios sobre descentralización y desconcentración administrativas,* coordinado por Gabriel Bocksang Hola y José Luis Lara Arroyo, 165-219. Santiago: Thomson Reuters, 2015.

Linazasoro. Izaskun. "El derecho a una buena administración pública en Chile". *Revista de Derecho Público* Nº 88 (2018), 93-109. https://doi.org/10.5354/0719-5249.2018.50842.

Montt, Santiago. *El Dominio Público. Estudio de su Régimen Especial de Protección y Utilización.* Santiago: Editorial Lexis Nexis, 2002.

Obando, Iván y Johann Allesch. "Una perspectiva histórica y comparada sobre la Contraloría General de la República del Chile / A historic and comparative perspective on the Office of the Comptroller General of the Republic of Chile." *Direito, estado e sociedade,* Nº 46 (2015): 171, DOI: 10.17808/des.46.780.

Parejo, Luciano, Antonio Jiménez Blanco y Luis Ortega. *Manual de Derecho Administrativo.* Barcelona: Ariel, 1997.

Parejo, Luciano. *Lecciones de Derecho Administrativo,* 9ª. ed. Valencia: Tirant lo Blanch, 2018.

Peñailillo Arévalo, Daniel. *Los Bienes. La propiedad y otros derechos reales.* Santiago: Editorial Jurídica de Chile, 2007.

Pierry, Pedro. "Responsabilidad de los entes públicos por el mal estado de las vías públicas". Ponencia presentada en las XV Jornadas de Derecho Público, Universidad de Valparaíso, 1984.

Silva, Enrique. *Derecho Administrativo Chileno y Comparado. El Control Público.* Santiago: Editorial Jurídica de Chile, 1994.

Tapia, Mauricio. "Pérdida de una Oportunidad: ¿Un perjuicio indemnizable en Chile?". En *Anuario Iberoamericano de Derecho Notarial*, 237-267. Madrid: Consejo General del Notariado, 2015-2016.

Vergara, Alejandro, Federico Arenas, Camilo del Río, Daniela Rivera, Rosa Gómez y Daniel Bartlett. "Ordenanzas municipales: límites, legitimidad democrática, problemas y propuestas. Estudio de caso: aguas, bienes de uso público y sanciones". *Propuestas para Chile Concurso Políticas Públicas 2016*: 203-242. ISBN: 978-956-14-2053-3.

Jurisprudencia citada

Administrativa

Dictamen CGR Nº 15.324, de 1991.
Dictamen CGR Nº 12.864, de 1995.
Dictamen CGR Nº 2.951, de 2000.
Dictamen CGR Nº 15.737 de 2000.
Dictamen CGR Nº 45.212, de 2000.
Dictamen CGR Nº 3.419, de 2001.
Dictamen CGR Nº 24.065, de 2002.
Dictamen CGR Nº 24.751, de 2002
Dictamen CGR Nº 34.727, de 2003.
Dictamen CGR Nº 5.633, de 2005.
Dictamen CGR Nº 21.140, de 2006.
Dictamen CGR Nº 6.629, de 2007.
Dictamen CGR Nº 33.525, de 2007.
Dictamen CGR Nº 41.283, de 2008.
Dictamen CGR Nº 43.001, de 2008.
Dictamen CGR Nº 57.748, de 2008.
Dictamen CGR Nº 62.019, de 2008.
Dictamen CGR Nº 72.582, de 2009.
Dictamen CGR Nº 12.834, de 2010.
Dictamen CGR Nº 26.019 de 2010.
Dictamen CGR Nº 45.281, de 2010.
Dictamen CGR Nº 45.297, de 2010.
Dictamen CGR Nº 67.597, de 2010.
Dictamen CGR Nº 9.911, de 2011.
Dictamen CGR Nº 29.391, de 2011.
Dictamen CGR Nº 60. 748, de 2011.
Dictamen CGR Nº 64.338 de 2011.
Dictamen CGR Nº 80.064, de 2011.
Dictamen CGR Nº 54.966 de 2013.
Dictamen CGR Nº 1.133, de 2012.
Dictamen CGR Nº 25.343, de 2012.
Dictamen CGR Nº 26.186, de 2012.
Dictamen CGR Nº 7.389, de 2014.
Dictamen CGR Nº 63.418, de 2014.
Dictamen CGR Nº 86.870, de 2014.
Dictamen CGR Nº 91.166, de 2014.
Dictamen CGR Nº 51.840, de 2015.

Dictamen CGR N° 87.444, de 2015.
Dictamen CGR N° 5.500, de 2016.
Dictamen CGR N° 12.816, de 2016.
Dictamen CGR N° 91.261, de 2016.
Dictamen CGR N° 91.687, de 2016.
Dictamen CGR N° 3.000 de 2017.
Dictamen CGR N° 5.450, de 2017.
Dictamen CGR N° 29.813, de 2017.
Dictamen CGR N° 32.411, de 2017.
Dictamen CGR N° 41.257, de 2017.
Dictamen CGR N° E53858N20, de 2017.
Dictamen CGR N° E266323N22, de 2017.
Dictamen CGR N° 1.455, de 2018.
Dictamen CGR N° 4.372, de 2018.
Dictamen CGR N° 10.191 de 2018.
Dictamen CGR N° 10.353, de 2018.
Dictamen CGR N° 12.489, de 2018.
Dictamen CGR N° 13.730, de 2018.
Dictamen CGR N° 16.506, de 2018.
Dictamen CGR N° 31.968, de 2018.
Dictamen CGR N° 4.472-2019.
Dictamen CGR N° 12.212, de 2019.
Dictamen CGR N° 14.145, de 2019.
Dictamen CGR N° 20.435 de 2019.
Dictamen CGR N° 21.232 de 2019.
Dictamen CGR N° 32.877 de 2019.
Dictamen CGR N° 33.351 de 2019.
Dictamen CGR N° E22260, de 2020.
Dictamen CGR N° 7.157, de 2020.
Dictamen CGR N° E129.443, de 2021.
Dictamen CGR N° E82937, de 2021.
Dictamen CGR N° E113751, de 2021.
Dictamen CGR N° E116594, de 2021.
Dictamen CGR N° E240661, de 2022.
Dictamen CGR N° E240684, de 2022.
Dictamen CGR N° E249989, de 2022.
Dictamen CGR N° E263384, de 2022.
Dictamen CGR N° E266323, de 2022.
Dictamen CGR N° 485 de 2023.
Dictamen CGR N° E297678, de 2023
Dictamen CGR N° E381858 de 2023.
Dictamen CGR N° E388402, de 2023.
Dictamen CGR N° E428343, de 2023.

Dictamen CGR N° E428.353 de 2023.

Constitucional

Requerimiento de inconstitucionalidad. Sentencia del Tribunal Constitucional de 27 de diciembre de 1990, Rol N° 116 (1990).

Inaplicabilidad por inconstitucionalidad. Sentencia del Tribunal Constitucional de fecha 28 de mayo de 2009, Rol N° 1.204 (2009).

Inaplicabilidad por inconstitucionalidad. Sentencia del Tribunal Constitucional de fecha 15 de marzo de 2012, Rol N° 1.669 (2010).

Inaplicabilidad por inconstitucionalidad. Sentencia del Tribunal Constitucional de 15 de marzo de 2012, Rol N° 1.669 (2012).

Inaplicabilidad por inconstitucionalidad. Sentencia del Tribunal Constitucional de fecha 29 de octubre de 2019, Rol N° 5.275 (2018)

Inaplicabilidad por inconstitucionalidad. Sentencia del Tribunal Constitucional de fecha 7 de mayo de 2020, Rol N° 7.972 (2019).

Proceso de inconstitucionalidad de oficio. Sentencia del Tribunal Constitucional de 5 de abril de 2022, Rol N° 12.415 (2021).

Judicial

Ramírez Concha Ximena Alicia con I. Municipalidad de Santiago (2009): Corte Suprema, 20 de julio de 2011 (Rol N° 6.461-2009). Tercera Sala. [recurso de casación en el fondo].

Sociedad de Inversiones Pizarro Limitada con Ilustre Municipalidad de Valparaíso (2009): Corte de Apelaciones de Valparaíso, 18 de agosto de 2010 (Rol N° 1.879-2009). Quinta Sala. [reclamo de ilegalidad municipal].

Ilustre Municipalidad de Concepción con Contraloría General de la Región del Bio Bio (P) (2011): Corte de Apelaciones de Concepción, 30 de enero de 2012 (Rol N° 1.875-2012). Cuarta Sala. [acción de protección].

Price Williams Samuel John con I. Municipalidad de Talcahuano (2011): Corte Suprema, 14 de enero de 2013 (Rol N° 5.080-2011). Tercera Sala. [recurso de casación en la forma y en el fondo].

Ayala Álvarez Nelly con Sociedad Concesionaria Autopista Vespucio Sur S.A., Consejo Defensa del Estado (2012): Corte Suprema, 05 de noviembre de 2013 (Rol N° 9.163-2012). Tercera Sala. [recurso de casación en el fondo].

Ilustre Municipalidad de Concepción con Contraloría General de la Región del Bio Bio (P) (2012): Corte Suprema, 12 de marzo de 2012 (Rol N° 1.701-2012). Tercera Sala. [apelación acción de protección].

Herrera Rosales Julio Alex con Contraloría General de la República (2013). Corte Suprema, 29 de mayo de 2013 (Rol N° 1.201-2013). Tercera Sala. [Apelación Acción de protección].

Esval S.A con Ilustre Municipalidad de Cabildo (2014). Corte Suprema, 29 de diciembre de 2014 (Rol N° 24.615-2014). Tercera Sala. [recurso de casación en el fondo].

Grunert Pinto con Gobernación Provincial del Elqui (2014): Corte de Apelaciones de La Serena, 14 de octubre de 2014 (Rol N° 905-2014). Segunda Sala. [acción de protección].

Odontólogos Asociados Limitada con Municipalidad de Chillán (2014): 1° Juzgado Civil de Chillán, 26 de abril de 2016 (Rol N° 4.022-2014). [acción de responsabilidad]

Odontólogos Asociados Limitada con Municipalidad de Chillán (2016): Corte de Apelaciones de Chillan, 31 de mayo de 2017 (Rol Civil-232-2016). Segunda Sala. [recurso de apelación].

Carlos Rómulo Alfredo Manterola Carlson y otros contra Ilustre Municipalidad de Valparaíso (2017): Corte Suprema, 27 de diciembre de 2017 (Rol N° 15.561-2017). Tercera Sala. [recurso de casación en la forma y en el fondo].

Martínez con Municipalidad de Con Con (2017): 3er Juzgado Civil de Viña del Mar, 22 de julio de 2019 (Rol N° C-5141-2017). [acción de responsabilidad].

Mesko Torres Verónica y otros con Director de la Dirección de Obras Municipales de la Ilustre Municipalidad de Ñuñoa (2017): Corte Suprema, 28 de agosto de 2018 (Rol N° 6.832-2017). Tercera Sala. [recurso de casación en el fondo].

Odontólogos Asociados limitada con Municipalidad de Chillán (2017): Corte Suprema, 19 de febrero de 2018 (Rol N° 34.432-2017). Tercera Sala. [recurso de casación en la forma y en el fondo].

Pey Tumanoff Roxana contra Mario Fernández Baeza Vicepresidente de la República y Otro (2017): Corte Suprema, 19 de junio de 2017 (Rol N° 3.598-2017). Tercera Sala. [apelación de acción de protección].

Serviu Metropolitano con Instituto de Educación Rural (2017): Corte Suprema, 11 de septiembre de 2017 (Rol N° 16-2017). Tercera Sala [acción de restitución de comodato precario].

Chilquita Energías S.A. con I. Municipalidad de San Antonio y otro (2018): Corte Suprema, 29 de enero de 2020 (Rol N° 22.101-2018). Tercera Sala. [recurso de casación en el fondo].

Comité Pro Defensa del Patrimonio Histórico y Cultural de Viña del Mar con I. Municipalidad de Concón (2018): Corte Suprema, 19 de noviembre de 2019 (Rol N° 22.221-2018). Tercera Sala. [recurso de casación en el fondo].

Recurrente: Wara Ortiz Mella y Francisco Javier Arenas Hernandez. Recurrido: Ilustre Municipalidad De Santa Cruz (2018): Corte Suprema, 10 de octubre de 2018 (Rol N° 15.253-2018). Tercera Sala. [recurso de casación en la forma y en el fondo].

Rozas con Ilustre Municipalidad de Peumo (2018): Corte Suprema, 2 de agosto de 2018 (Rol Nº 8.163-2018). Tercera Sala. [apelación de Acción de protección].

Stand Off S.A con Palacios (2018): Corte Suprema, 5 de marzo de 2020 (Rol Nº 19.182-2018). Tercera Sala. [recurso de casación en el fondo].

Stipicic Escauriaza Ana Pilar con Director Ejecutivo Servicio Evaluación Ambiental (A) (2018): Corte Suprema, 12 de marzo de 2020 (Rol Nº 8.737-2018). Tercera Sala. [recurso de casación en la forma y en el fondo].

Aburto Zúñiga Marcos con Alessandri Vergara Felipe (Ilustre Municipalidad de Santiago) (2019): Corte Suprema, 12 de agosto de 2019 (Rol Nº 20.939-2018). Tercera Sala. [reclamo de ilegalidad municipal].

Beckdorf con Contraloría General de la República (2019): Corte Suprema, 6 de junio de 2019 (Rol Nº 2.779-2019). Tercera Sala. [apelación de acción de protección].

Cabello con Ilustre Municipalidad de Curepto (2019): Corte Suprema, 24 de agosto de 2019 (Rol Nº 8821-2019). Tercera Sala. [apelación de acción de protección].

Engie Energía Chile S.A con I. Municipalidad de Tocopilla (2019): Corte Suprema, 22 de julio de 2020 (Rol Nº 29.610-2019). Tercera Sala. [recurso de casación en la forma y en el fondo].

Estacionamientos Araucanía Sociedad Concesionaria con Ilustre Municipalidad de Temuco (2019): Corte Suprema, 27 de julio de 2023 (Rol Nº 5042-2019). Tercera Sala. [recurso de casación en la forma y en el fondo].

Jocelyn-Holt con Ilustre Municipalidad de Las Condes (2019): Corte Suprema, 25 de septiembre de 2019 (Rol Nº 18721-2019). Tercera Sala. [apelación de acción de protección].

Llanos con Ilustre Municipalidad de Olivar (2019): Corte Suprema, 8 de junio de 2020 (Rol Nº 4.233-2019). Tercera Sala. [recurso de casación en el fondo].

Martínez con I. Municipalidad de Concón (2019): Corte de Apelaciones de Valparaíso, 10 de diciembre de 2020 (Rol Nº 2258-2019). Primera Sala. [recurso de apelación].

Zúñiga con Ilustre Municipalidad de Ñuñoa (2019). Corte de Apelaciones de Santiago, 2 de mayo de 2019 (Rol Nº 5.055-2019, acumulado 5.079-2019). Octava Sala [acción de protección].

Zúñiga con Ilustre Municipalidad de Ñuñoa (2019). Corte Suprema, 13 de junio de 2019 (Rol Nº 14.009-2019). Tercera Sala [apelación de acción de protección].

Ahumada con Ilustre Municipalidad de Zapallar (2020): Corte de Apelaciones de Valparaíso, 15 de julio de 2020 (Rol Nº 21.647-2020). Primera Sala. [acción de protección].

Ahumada con Ilustre Municipalidad de Zapallar (2020): Corte Suprema, 11 de agosto de 2020 (Rol N° 88.413-2020). Tercera Sala. [apelación de acción de protección].

Aranda con Alessandri (2020): Corte Suprema, 11 de junio de 2020 (Rol N° 14.936-2020). Tercera Sala. [apelación de acción de protección].

Céspedes con Ilustre Municipalidad de Los Vilos (2020): Corte Suprema, 19 de julio de 2021 (Rol N° 138.669-2020). Tercera Sala. [recurso de casación en el fondo]

Cooperativa de Vacaciones El Tabito Limitada con Ilustre Municipalidad de El Tabo (2020): Corte Suprema, 14 de febrero de 2022 (Rol N° 134.212-2020). Tercera Sala. [recurso de casación en el fondo].

Inversiones e Inmobiliaria Las Balsas Ltda. con Municipalidad de Las Cabras (2020): Corte Suprema, 22 de junio de 2021 (CS Rol N° 99.353-2020). Tercera Sala. [recurso de casación en el fondo].

Karem Irene Neubauer Rojas con Municipalidad de Lo Espejo (2020): Corte Suprema, 23 de agosto de 2021 (Rol N° 119.687-2020). Tercera Sala. [Recurso de casación en el fondo].

López con Ilustre Municipalidad de Pichidegua (2020): Corte Suprema, 23 de diciembre de 2022 (Rol N° 138.603-2020). Tercera Sala. [recurso de casación en la forma y en el fondo].

Rafael Guajardo Donoso EIRL con Municipalidad de Antofagasta (2020): Corte Suprema, 19 de mayo de 2020 (Rol N° 8.190-2019). Tercera Sala. [reclamo de ilegalidad municipal].

Ríos con Bienes Nacionales y Gobernación Provincial de Valdivia (2020): Corte Suprema, 7 de abril de 2020 (Rol N° 29.300-2019). Tercera Sala. [apelación de acción de protección].

Vásquez con Secretaría Regional Ministerial de Bienes Nacionales del Maule (2020): Corte Suprema, 10 de junio de 2020 (Rol N° 33.432-2020). Tercera Sala [apelación acción de protección].

Vera Castro con Municipalidad de Buin (2020): Corte Suprema, 21 de febrero de 2020 (Rol N° 2.082-2019). Tercera Sala. [recurso de casación en el fondo].

Alday Jabre Constanza con Valenzuela Córdova José Miguel (2021): Corte Suprema, 18 de abril de 2022 (Rol N° 49.178-2021). Tercera Sala. [Recurso de casación en el fondo].

Concesiones Iquique con Ilustre Municipalidad de Iquique y otro (2021): Corte Suprema, 14 de febrero de 2022 (Rol N° 14.171-2021). Tercera Sala. [recurso de casación en el fondo].

Contzen y otros con Municipalidad de Quillón (2021): Corte Suprema, 07 de junio de 2021 (Rol N° 18.955-2021). Tercera Sala. [apelación de acción de protección].

Cooperativa Agrícola de Colonización Presidente Gabriel González Videla Limitada con Hidalgo Vicuña Claudio (2021): Corte Suprema, 25 de noviembre de 2022 (Rol N° 22.308-2021). Tercera Sala. [Recurso de casación en el fondo].

Fernández con Ilustre Municipalidad de Concon (2021): Corte Suprema, 21 de octubre de 2021 (Rol N° 78.641-2021). Tercera Sala. [apelación de acción de protección].

Gonzalo Mercadal y Cía. Con SERVIU V Región (2021): Corte Suprema, 12 de enero de 2023 (Rol N° 88.733-2021). Tercera Sala. [recurso de casación en el fondo].

Martínez Guajardo Javiera con I. Municipalidad de Con Con (2021): Corte Suprema, 09 de septiembre de 2021 (Rol N° 264-2021). Tercera Sala. [recurso de casación en la forma y en el fondo].

Mera con SEREMI de Salud Región de la Araucanía (2021): Corte Suprema, 22 de junio de 2022 (Rol N° 63.410-2021). Tercera Sala. [recurso de casación en el fondo].

Nicolaides S.A. con SERVIU Metropolitano (2021): Corte Suprema, 17 de febrero de 2021 (Rol N° 104.638-2020). Tercera Sala. [apelación de acción de protección].

Romero Martinez Rodrigo con Ilustre Municipalidad de San Carlos (2021): Corte Suprema, 5 de septiembre de 2022 (Rol N° 89.236-2021). Tercera Sala. [recurso de casación en la forma y en el fondo].

Sociedad Comercial Boero y Boero Limitada con Ilustre Municipalidad de Nacimiento (2021): Corte Suprema, 13 de diciembre de 2021 (Rol N° 17.273-2021). Tercera Sala. [recurso de casación en la forma y en el fondo].

Sociedad Jorge Claro Cortes e Hijos Limitada con Consejo de Defensa del Estado (2021): Corte Suprema, 10 de marzo de 2022 (Rol N° 71.664-2021). Tercera Sala. [recurso de casación en el fondo].

Velozo Seguel Marcela con Municipalidad de Arica (2021): Corte Suprema, 23 de agosto de 2021 (Rol N° 14.072-2021). Tercera Sala. [reclamo de ilegalidad municipal].

Acevedo Peralta Marta con Ilustre Municipalidad de Lampa (2022): Corte de Apelaciones de Santiago, 2 de noviembre de 2022 (Rol N° 302-2022). Segunda Sala. [reclamo de ilegalidad municipal].

Andrea Martínez Alarcon con Municipalidad de Peñaflor (2022): Corte Suprema, 4 de enero de 2023 (Rol N° 39.898-2022). Tercera Sala. [apelación de reclamo de ilegalidad municipal].

Consorcio Valparaíso S.A. con Iluestre Municipalidad de Valparaíso (2022): Corte Suprema, 12 de enero de 2023 (Rol N° 11.300-2022). Tercera Sala. [recurso de casación en la forma y en el fondo].

Constructora La Esperanza Limitada con I. Municipalidad Puerto Montt-DISAM (2022): Corte Suprema, 13 de julio de 2023 (Rol N° 147.594-2022). Tercera Sala. [recurso de casación en el fondo].

Díaz Yubero Rodrigo con Ilustre Municipalidad de Valparaíso (2022): Corte Suprema, 11 de mayo de 2023 (Rol N° 16149-2022). Tercera Sala. [recurso de casación en la forma y en el fondo].

El Raco SPA con Ilte. Municipalidad de Santiago (2022): Corte de Apelaciones de Santiago, 29 de agosto de 2022 (Rol N° 101.508-2022). Cuenta Protección. [acción de protección].

García Lavanderos Eduardo con I. Municipalidad de Ñuñoa (2022): Corte Suprema, 10 de enero de 2023 (Rol N° 53.049-2022). Tercera Sala. [recurso de casación en el fondo].

Inmobiliaria Península De Pucon S.A/Barra (2022): Corte Suprema, 25 de noviembre de 2022 (Rol N° 139.592-2022). Tercera Sala [recurso de queja].

Inmobiliaria San Nicolás Ltda. con Municipalidad de Panguipulli (2022): Corte Suprema, 27 de febrero de 2023 (Rol N° 7.868-2022). Tercera Sala. [apelación de acción de protección].

Jaramillo con Municipalidad de Pichilemu (2022): Corte de Apelaciones de Rancagua, 14 de febrero de 2022 (Rol N° 2.634-2021). Segunda Sala [acción de protección].

Jaramillo con Municipalidad de Pichilemu (2022): Corte Suprema, 8 de marzo de 2022 (Rol N° 7.270-2022). Tercera Sala. [apelación de protección].

Juliana Criado Torrijos con Ilustre Municipalidad de San Bernardo (2022): Corte Suprema, 2 de mayo de 2023 (Rol N° 160.766-2022). Tercera Sala. [recurso de casación en la forma y en el fondo].

Maquinarias LN S.A. con I. Municipalidad Puerto Montt-DISAM (2022): Corte Suprema, 04 de mayo de 2023 (Rol N° 121785-2022). Tercera Sala. [recurso de casación en el fondo].

Munizaga con Ilustre Municipalidad de Navidad (2022): Corte Suprema, 25 de enero de 2022 (Rol N° 1.553-2022). Tercera Sala. [apelación de reclamo de ilegalidad municipal].

Pontificia Universidad Católica de Valparaíso con Dirección de Compras y Contratación Pública (2022): Corte Suprema, 01 de diciembre de 2022 (Rol N° 12.721-2022). Tercera Sala. [apelación de acción de protección].

Rebolledo con Ilustre Municipalidad de Los Vilos (2022): Corte Suprema, 22 de mayo de 2023 (Rol N° 161.164-2022). Tercera Sala. [recurso de casación en la forma y en el fondo].

Sociedad Comercial Sofía Améstica Ibáñez EIRL con Ilustre Municipalidad de Castro (2022): Corte Suprema, 29 de junio de 2022 (Rol N° 3.513-2022). Tercera Sala. [apelación de reclamo de ilegalidad municipal].

Sociedad de Inversiones Don Oscar Limitada con I. Municipalidad Maipu (2022): Corte Suprema, 5 de septiembre de 2022 (Rol N° 13.393-2022). Tercera Sala. [recurso de queja].

Torres Lombardi María con Fisco de Chile (2022): Corte Suprema, 08 de mayo de 2023 (Rol N 157.970-2022). Tercera Sala. [recuro de casación en el fondo].

Unilever Chile Ltda. con Municipalidad de Conchalí (2022): Corte de Apelaciones de Santiago, 17 de mayo de 2022 (Rol Nº 602-2021). Séptima Sala. [reclamo de ilegalidad municipal].

Valenzuela Alegria Marcelo con I. Municipalidad de Hualpen, I. Municipalidad De Talcahuano (2022): Corte Suprema, 22 de diciembre de 2022 (Rol Nº 4.335-2022). Tercera Sala. [recurso de casación en el fondo].

Vidal con Bermúdez (2022). Corte de Apelaciones de Santiago, 29 de junio de 2022 (Rol Nº 39.983-2021). Quinta Sala. [acción de protección].

Vidal con Bermúdez (2022). Corte Suprema, 22 de septiembre de 2022 (Rol Nº 39.489-2022). Tercera Sala. [apelación de acción de protección].

Asociación Gremial de Dueños y Explotadores de Pozos Lastreros de Punta Arenas con Ilustre Municipalidad (2023): Corte Suprema, 21 de agosto de 2023 (Rol Nº 21-2023). Tercera Sala. [recurso de casación en el fondo].

Carranca Fuenzalida Ivan con Ilustre Municipalidad de Navidad (2023): Corte Suprema, 6 de diciembre de 2023 (Rol Nº 5.911-2023). Tercera Sala. [recurso de casación en el fondo].

Compañía Minera Maricunga con Dirección General de Aguas (2023): Corte Suprema, 16 de agosto de 2023 (Rol Nº 9-2023). Tercera Sala. [recurso de casación en el fondo].

Constructora La Esperanza Limitada con Municipalidad de Puerto Montt-DISAM (2023): Corte Suprema, 13 de julio de 2023 (Rol Nº 147.594-2022). Tercera Sala. [reclamo de ilegalidad municipal].

Contreras con Municipalidad de Valparaíso (2023): Corte Suprema, 27 de julio de 2023 (Rol Nº 111.162-2022). Tercera Sala. [acción de protección].

Cruz Guzmán María con Ilustre Municipalidad de Renca (2023): Corte Suprema, 8 de agosto de 2023 (Rol Nº 39.015-2023). Tercera Sala. [recurso de casación en la forma y en el fondo].

Estacionamientos Araucanía Sociedad Concesionaria con Municipalidad de Temuco (2023): Corte Suprema, 27 de julio de 2023 (Rol Nº 5.042-2019). Tercera Sala. [recurso de casación en la forma y en el fondo].

Forestal Nilhue S.A. con Municipalidad de Pichilemu (2023): Corte Suprema, 20 de marzo de 2023 (Rol Nº 44.044-2022). Tercera Sala. [reclamo de ilegalidad municipal].

I. Municipalidad de Providencia /Inmobiliaria Mirador del Cerro SpA (2023): 25º Juzgado Civil de Santiago, sin fecha porque no se dictó sentencia (Rol 9.595-2021). [acción de nulidad de derecho público].

Inmobiliaria Alto Las Pircas SpA con Cholaky Cabezas María (2023): Corte Suprema, 07 de septiembre de 2023 (CS Rol Nº 10-2023). Tercera Sala. [recurso de casación en la forma y en el fondo].

Inmobiliaria San Nicolás Ltda. con Municipalidad de Panguipulli (2023): Corte Suprema, 27 de febrero de 2023 (Rol Nº 7.868-2022). Tercera Sala. [acción de protección].

Ogalde y otros con Municipalidad de Vicuña (2023): Corte de Apelaciones de La Serena, 19 de enero de 2023 (Rol N° 8.415-2022). Primera Sala. [acción de protección].

Ogalde y otros con Municipalidad de Vicuña (2023): Corte Suprema, 21 de febrero de 2023 (Rol N° 13.253-2023). Tercera Sala. [acción de protección].

Sánchez Fuenzalida Bahiron con Meza Vega Alfonso y otros (2023): Corte Suprema, 13 de noviembre de 2023 (Rol N° 26.239-2023). Tercera Sala. [recurso de casación en el fondo].

Seguel con Municipalidad de Talca (2023): Corte de Apelaciones de Talca, 3 de marzo de 2023 (Rol N° 8.502-2022). Primera Sala. [Acción de protección].

Seguel con Municipalidad de Talca (2023): Corte Suprema, 25 de mayo de 2023 (Rol N° 47.886-2023). Tercera Sala. [acción de protección].

Sociedad Arquitectura y Paisajismo Río Maule con lustre Municipalidad de San Clemente (2023): Corte Suprema, 10 de noviembre de 2023 (Rol N° 104.997-2023). Tercera Sala. [recurso de casación en el fondo].

Yates con Bermúdez (2023). Corte de Apelaciones de Santiago, 3 de marzo de 2023 (Rol N° Protección-98.729-2022). Sexta Sala. [acción de protección].

Yates con Bermúdez (2023). Corte Suprema, 20 de abril de 2023 (Rol N° 38.977-2023). Tercera Sala [apelación de protección].